受け継がれた
ローカル線

富山・石川・福井　北陸三県鉄道賛歌

HOKURIKU RAILWAY STORY

parubooks

編著　ほくりくカルテット
発行　一般社団法人地域発新力研究支援センター

発刊にあたって

　2024年3月16日、北陸新幹線の金沢駅〜敦賀駅間が延伸開業しました。1月1日に発生した、令和6年能登半島地震の影響も残る中の開業でしたが、新たに首都圏と直接結ばれた福井県へは連日多くの観光客が訪れ、活況を呈しています。その開業と同時に、金沢駅から敦賀駅までの北陸本線は、それまで運行を担っていたJR西日本から「並行在来線」として経営分離され、沿線自治体などが主体となった第三セクター鉄道会社へと移管されました。

　新潟・富山・石川・福井・滋賀の5県を結んでいた北陸本線は、長年多くの特急列車が行き交い、経済や観光の大動脈となってきました。2015年の北陸新幹線・長野〜金沢開業で、新潟県の直江津駅〜石川県の金沢駅間が3つの新しい第三セクター鉄道会社（えちごトキめき鉄道・あいの風とやま鉄道・ＩＲいしかわ鉄道）へ移管され、今回の金沢〜敦賀の新幹線開業に合わせて同区間がＩＲいしかわ鉄道・ハピラインふくいへと移管されたことで、日本海側に300kmを超える第三セクター鉄道の長大ネットワークが形成されることとなりました。

　特急列車が運行されなくなり、普通・快速列車主体の地域輸送へと移行した北陸三県の第三セクター鉄道は、各社とも沿線人口の減少や少子化、厳しい環境で酷使された鉄道設備の老朽化など、多くの課題を抱えながら運行を続けています。一方で沿線ニーズの細やかな取り込み、積極的な社員の地元採用など、地域に根ざし愛され続ける路線へと生まれ変わろう

としています。その現場のリアルな姿に、第三セクター鉄道の沿線在住者としての視点で迫りたいと考え、この本を出版することにしました。取材・編集に携わった4名が住む、富山県・石川県・福井県の「並行在来線」を運行する第三セクター鉄道と、そこから伸びる地域鉄道が運行するローカル線のありのままの姿に、豊富な撮りおろし写真と取材記事、書きおろし短編小説で迫っていきたいと思っています。

　また、令和6年能登半島地震で甚大な被害を受けながら、命がけで全線復旧へとこぎつけられた第三セクター鉄道・のと鉄道のみなさんも、今回特別に取材することができました。弊社で「物語の生まれる里」というコンセプトで、北陸三県を舞台モデルにしたアニメ作品の地域振興や観光振興企画でご一緒してきた、地域の皆様や作品権利元の皆様にもご協力いただきました。震災の被災地の復旧・復興が道半ばの中、ローカルな魅力あふれた北陸へと足を向けていただく一助に、この本がなれば幸いです。

2024年10月

※この本の売上の5%を、令和6年能登半島地震の被災地への義援金として寄付いたします。

目次

富山県

6　連作短編小説　ローカル線と、季節を越える
　　富山篇 ― 2023 年 秋

10　あいの風とやま鉄道

26　富山地方鉄道とその沿線
　　・富山地方鉄道本線
　　・富山地方鉄道立山線

34　富山県が舞台モデル　アニメ『クロムクロ』について

石川県

36　連作短編小説　ローカル線と、季節を越える
　　石川篇 ― 2023 年 冬

40　ＩＲいしかわ鉄道

57　北陸鉄道とその沿線
　　・北陸鉄道石川線

62　コラム　北陸三県を走り抜ける 521 系電車

福井県

64　連作短編小説　ローカル線と、季節を越える
　　福井篇 ― 2024 年 春

68　ハピラインふくい

81　北陸三県取材点描

82　福井鉄道とその沿線

86　福井鉄道・えちぜん鉄道相互乗り入れについて

88　えちぜん鉄道とその沿線
　　・えちぜん鉄道三国芦原線
　　・えちぜん鉄道勝山永平寺線

96　福井県が舞台モデル　アニメ『グラスリップ』について

能登半島

98　のと鉄道
　　・常務取締役 兼 鉄道部長　小林栄一氏インタビュー
　　・能登中島駅の鉄道郵便車

112　石川県が舞台モデル　アニメ『花咲くいろは』について
113　アニメ『花咲くいろは』から生まれた　湯涌ぼんぼり祭り

114　連作短編小説　ローカル線と、季節を越える
　　能登篇 ― 2024 年 夏

117　参考資料一覧

119　あとがき　－ほくりくカルテット

連作短編小説

ローカル線と、季節を越える

著 上田聡子

富山篇 ── 2023年　秋

　晩秋の陽ざしが大窓から差し込む正午すぎ。私は日替わり定食のプレートに残っていたごはんを集め、口に入れた。

　大学3年生の私は、ゼミ仲間3名と一緒に、大学の学生食堂で昼食をとっていた。食べるのが遅い私を除き、ほかのみんなはとっくに定食プレートを空にしている。今はお茶を飲みながら、夏前から徐々に始まっている就職活動の話をしていた。

「私、マスコミ受けたいなって」

　巻かれた髪のふさをもてあそびながら、坂巻さんが顔を上げる。続けて、吉田さんと春見さんも口を開いた。

「私はやっぱりメーカーかな、安定一番でしょ」

「私はコンサル系かなあ。ね、インターン申し込むときも、髪って黒くすべき?」

　みんなの瞳が真剣に輝く。箸を置いた私に、視線が集まった。ゼミでもリーダー役を務める坂巻さんに声を掛けられる。

「で、村上さんは決めた?　ご実家金沢だし、やっぱりそっちで就活するの?　それとも彼氏さんのいるこっち──東京で内定もらうつもり?」

　私は言いよどんだ。いまは大学3年時の10月末。就活シーズンいよいよ本番、周りは着々と駒を進めている。なのに。

「か、考えてるよ。──まだ、決まらないだけで」

　へらりと笑う私に、3人は「そっか」「まあゆっくりな人もいるよね」と無難な笑顔を向けた。みんなの就活談義は、私を置いてどんどん熱を帯びていく。

　自己嫌悪に、ため息をついた。また、私遅れてるんだ。このまま決められないままでいたら、きっと取り残される。

　翌週の早朝、私は北陸新幹線「はくたか」に乗り、黒部宇奈月温泉駅へと向かっていた。カレンダーが11月に替わってすぐの、3連休の初日だ。落ちこんでいた私に、富山県に住む姉の環菜が助け舟を出してくれたのだ。

『こっちは紅葉が見ごろだよ。宇奈月は、紅葉と渓谷の美しさがほかにはないほどの、きれいな所なんだよ。まだ来たことなかったよね?　しんどいなら、息抜きしにおいで』

　私がしょぼくれていると、姉はいつでもそれを察してくれる。

　北陸新幹線には、止まる駅の少ない速達タイプの「かがやき」と、止まる駅の多い停車タイプの「はくたか」がある。「かがやき」に乗ると富山駅まで飛ばしてしまうので、行きは「はくたか」に乗車した。

　黒部宇奈月温泉駅に着いたら、徒歩で新黒部駅へと向かい、そこから富山地鉄本線へと乗り換える。車両デザインはレトロな黄色と緑のツートンカラーだ。目的地の宇奈月温泉駅に着いたのはお昼の12時半ごろだった。

　駅舎を出るなり、澄み渡った空気が胃の底までさらえていった。思わず眠気が飛んでゆく。階段を降りると、石造りの「宇奈月温泉噴水」があり、温かいしぶきが上がっている。東京よりだいぶ涼しさを感じた。

「咲苗!　こっちこっち!」

　すぐに姉がほがらかな笑顔で駆け寄ってきた。姉は、宇奈月のホテルを経営する一家の若主人と3年前に結婚し、いまは若女将としてホテルを支えている。地域の人たちからも慕われていると聞く。昔からおひさまみたいな人だった、と口元が緩む。

「お姉ちゃん!　今日、仕事は?」

「大事な妹が東京から来るって言ったら『今日くらいゆっくりして来られ』と、旦那さんにも女将さんにも言ってもらえたの。だから、今日は咲苗とトロッコ乗るぞー!」

　温泉街は古い建物が多く、空気はのんびりしている。東京では早回しになっていた体内時計が、本来の速度に戻ってゆく。

レトロな定食屋さんで昼食をすませ、2人で「黒部峡谷トロッコ電車」へと向かった。宇奈月温泉駅近くの乗り場は、紅葉の観光シーズンとあってか、ごった返していた。家族連れもカップルも、大きなカメラを持った人たちも、これからの絶景を期待してか、そわそわと楽しそうだ。

　待機列の順番が来て、受付の前に来たとたん、姉が「ネットで乗車券、事前予約しておいたから！」と、私の分まで購入してくれた。姉が買ったのは、窓がないオープンタイプの客車の切符だ。開閉可能な窓つきタイプのリラックス客車もあって、こちらは少し料金が高い。

「写真が綺麗に撮れるといいなと思って、オープンタイプにしたんだよ。でも、トンネルの中がとても寒いから、咲苗の分のダウンジャケットも持ってきた」

　姉の手持ちかばんがやけに大きかったのはそのせいか。どこまでもぬかりない。

　ダウンを着込み、オープン客車の座席に並んで座る。向かい席に白髪のご老人と奥様が乗り込んできて、相席となった。仲睦まじい様子に、心が和む。トロッコが動き出すと、私はわくわくしながら姉に身を寄せた。

「このトンネルを出たら、うなづき湖だよ！」

　道程の序盤から、姉は逐一解説してくれる。深緑色の湖面に、真っ赤な橋がよく映えていて、本当に美しい。トンネル内は、姉の言ったとおり相当に寒い。ダウンがあってよかった。

　黒薙駅を過ぎて後曳橋まで来ると、私は眼前に広がる峡谷に心を奪われた。

　山吹色、橙色、抹茶色、赤茶色――印象派の絵画の点描技法さながらに、山は深く色づいていた。姉が誇らしそうに微笑む。

「本当に、どこにも負けないくらいの紅葉よね。本格的な冬が来る前にこの景色を見るのが毎年楽しみで。1年間のご褒美みたいな景色だと思うの」

　うなずいていると、けげんそうな顔をされた。

「写真、撮らないの？　いましか見れないよ？」

「カメラで撮ってる間に、ほんとにきれいなものを見落としちゃいそうで。いまは目と心に、ちゃんと焼きつけたくて」

「咲苗は、昔からそういう子やったよね」

　姉の表情が、少し柔らかくなり、語尾に方言が混じった。私もつられる。

「うん、みんなみたいに、素早く行動できないんやよね。――いまだって、周りと同じペースで就活の波に乗れんくて、いっぱい悩んどる」

　わかってもらえたことにほっとして、思わず本音がこぼれ、言葉尻が頼りなく震えた。こんなの、かけっこでひとりだけ転んでしまい、よたよたみんなのあとを追いかけている幼稚園児と同じだ。うつむく顔に吹き付ける風が凍るように冷たく、頬も耳もじんじんする。

「だいぶ体も冷えたねえ。あとで、大浴場に行ったらいいわ」

　わざと話をそらした姉の言葉に、思わずはりつめていた気持がゆるむ。ちょっと落ち着くことができて、私はまた色とりどりの景色に目を向けた。

　ホテルに戻ってから、入浴を済ませ、バイキング形式の夕食を楽しんだ。部屋で浴衣に着替えてくつろいでいたら、襖の向こうから「咲苗」と呼ばれた。

「お姉ちゃん、どうしたん」

　からりと襖が開いて、作務衣姿の姉が顔を出した。

「温泉まんじゅう、持ってきた。お茶淹れて、一緒に食べんけ」

　姉が漆器の茶びつから、湯のみと急須を取り出し、ポットの電源を入れた。しゅんしゅんとお湯が沸いていく音が部屋に満ちる。

「なんでも話さんけ？　そのために来たんやろ？」

　水を向けられて、肩の力が抜けた。お姉ちゃんには昔から、敵わない。

「東京に残ろうか、北陸に戻ろうか、迷っとる。――でも、ぐるぐるするばかりで、決められん。お姉ちゃんは、どうやって将来のことを決めたが？」

急須に沸いた湯を注ぐ姉のまなざしが、柔らかい。
「今日はずっと、小さい頃の咲苗の顔ばかり思い浮かぶんやよね」
　意味をはかりかねていたら、姉がほうじ茶を差し出してくる。
「覚えとる？　小学生のころ、お父さんがお土産に買ってきたます寿司があまりに美味しくて、咲苗のぶんまで食べてしまった私は、お母さんに叱られた」
「ああ、そんなこともあったかも」
「私が『早く食べない咲苗が悪い！』って泣いとるあいだも、咲苗はにこにこしとって。そんなおおらかなところとか、紅葉をじっくり味わうようなところとかが、たぶん咲苗の良さなんや。みんなと一緒じゃなくても、まわりよりも遅くても、大丈夫やよ。なんとかなる」
　姉が部屋から消えたあとも、私のそばには彼女の気配が寄り添ってくれているように思えた。

　翌朝、私は富山地方鉄道で新魚津駅まで戻り、あいの風とやま鉄道に乗り込んだ。銀色の車体の片側には緑の流線、もう片側には青の流線が描かれている。進行方向に向かい緑は山側、青は海側のしるしだと教えてもらった。
　青の流線を海に向けて、私は富山駅に向かっている。家族の思い出のます寿司を、いっしょに食べたい人の顔が浮かんだのだ。東京に居る、恋人の顔。
「ます寿司なら、富山駅近くにおすすめのお店があるんやよ」と、私を送り出す姉が教えてくれた。帰ったら、この旅の話をして、ます寿司を囲んで、彼とちゃんと話をしなくちゃ。
　窓の外に視線をやったら、晴れ晴れとした空の下、立山連峰が目に飛び込んできた。山頂はすでに、冠雪していて白い。雄大な景色に、心がしゃんとした。

あいの風とやま鉄道

市振〜倶利伽羅

「あいの風」とは、春から夏にかけて吹く北東の風のこと。
新潟県境から石川県境まで、北に富山湾、東に立山連峰を臨みながら、
爽やかな日本海と 3,000m 級の雄大な山脈の間を走り抜ける。

社名：あいの風とやま鉄道株式会社
開業：2015 年 3 月 14 日
本社：富山市明輪町 1 番 50 号
営業キロ：100.1km
駅数：21 駅

あいの風とやま鉄道

海に面する車体に描かれた美しい青のグラデーションが、あいの風のさわやかさと富山湾の神秘さを表現している

　北陸三県の東側に位置する富山県は、東西に膨らみを持つリボンのような形で、その上部は日本海に接している。半円形の海岸線に囲まれる海は「富山湾」と呼ばれ、その周囲には東の立山連峰や南の岐阜県飛騨地方から流れ下る河川の扇状地で構成された平野が広がる。富山県の市街地はほとんどが平野部に集まっていて、県庁所在地である富山市や、西部の中心都市である高岡市など、多くの県民がこのエリアを拠点に生活している。

　あいの風とやま鉄道は、主に富山県の平野部を東西に横断する路線となっており、新潟県境の市振駅から、石川県境の倶利伽羅駅の間、21駅・全長約100kmを結ぶ。1913年に米原～直江津間が全線開業した、官営鉄道北陸本線を起源とし、日本国有鉄道(以下、国鉄)を経てJR西日本が長らく運行していた。2015年3月14日の北陸新幹線・長野～金沢間の開業に伴い、県・市町村・民間が出資する同社へ経営移管され、再出発

旧国鉄時代の名残をとどめる駅が多い

街から街へと風のように駆け抜ける

あいの風とやま鉄道 路線図

ラインの色で山と海の方角がわかる

することとなった。
　倶利伽羅駅以西はＩＲいしかわ鉄道、市振駅以東はえちごトキめき鉄道がそれぞれ管轄し、相互に乗り入れも行っている。現在は、2両編成または4両編成の車両を中心に、あいの風ライナー（以下、ライナー）または普通列車で運行している。シルバーに輝くステンレス車体に、爽やかな青と緑のうねるようなグラデーションラインが目を引く。車体の向きは固定されており、海に向かって青色、山に向かって緑色の曲線がそれぞれ描かれている。緑色は富山県の豊かな自然を、青色はあいの風のさわやかさと富山湾の神秘さを表現している。平野部ののどかな田園風景や富山湾の穏やかな波間、そして険しく気高い立山連峰の中を駆け抜ける車両は、人々の日常を運びながら、富山の自然風景にもしっかりと溶け込んでいる。

あいの風とやま鉄道

時刻表に合わせた分刻みの勤務だが、シフトの合間できちんと休みがとれるためプライベートの予定は組みやすい

　あいの風とやま鉄道では、入社後に経験を積んで乗務員になることができる。始めは駅員として経験を積み、車掌としての勤務を経て、運転士へとステップアップする。

　始発から終電まで、列車の運行は毎日休むことなく続き、時刻表に合わせた勤務シフトが組まれる。乗務する車両は点検等もあるため、日々入れ替えられるが、それぞれ癖や特徴が違うため、土地の勾配や乗客の多寡などの運転条件も考慮しながら、その都度運転方法を調整する必要がある。個性ある車両を丁寧に乗りこなすのには神経も使うが、乗客の乗り心地の善し悪しにも関わるため、気遣いが欠かせない。

　こうした気の張る運転業務の中でも、運転士にしか見られない景色がある。富山駅から糸魚川方面へ向かって走り、富山市東部の常願寺川に架かる橋を渡る時に広がる立山連峰のパノラマである。早朝から深夜に及ぶ勤務の中でも格別の時間だ。

６〜７年ほどで運転士としてデビューする人が多い

泊駅での珍しい縦列停車、慎重に運転する

日々、富山の街を走りながら、
車両と土地の個性を腕に刻んでいく。

北陸本線時代に幹線として造られた設備は、高速運転や貨物列車の運行に役立っている

安心安全な運転の基礎は、丁寧な車両の点検が支えている。

413系にラッピングを施したイベント列車「とやま絵巻」。ベテラン車両のため人手をかけた丁寧な整備が必要

あいの風とやま鉄道

新しい車両でも数日走ると汚れがたまるため、人の手による定期的な洗浄が欠かせない

　あいの風とやま鉄道の車両基地である運転管理センターは、富山駅の東側にある。ここに定められた期間ごとに全車両が入庫し、運行に支障を生じないようローテーションを組みながら検査される。在籍する検修社員は20名ほどで、天候や経年などで日々変化する車両の検査・修繕を行い、安全を確保している。

　特別な学校などはなく、先輩の立会いのもと現場で車両に触れながらさまざまな検査経験を積み、正しく検査を行うための多岐にわたる「見極め試験」を経て独り立ちする。全ての車両の検査手順をマスターするには通常3年ほどかかるという。

　車両はJRから引き継がれ現在も製造されている521系と、国鉄末期に製造された413系があり、それぞれ整備方法が異なるためどちらも検査できるよう訓練が必要だ。検修社員にも夜勤があり、夜間の突然の車両トラブルにも対応できるようにしているという。検修社員は、安全運行に欠かせない車両のレスキュー隊なのだ。

電車ならではの電子部品の知識や経験が重要

旧国鉄時代から走る413系の特徴的な屋根上クーラー

あいの風とやま鉄道

あたたかく明るい車内を包む「ひみ里山杉」は虫害に強く、江戸時代から造船用材として用いられてきた

　富山県の地形の大きな特徴の一つに、海から山までの高低差が挙げられる。富山湾は沖に出ると急激に深くなり、深さは1,000mにまで到達する。また、立山連峰は3,000m級の山々が連なり、その高低差は4,000mにも及ぶ。この大自然のパノラマを堪能できるのが、413系を改造した観光列車「一万三千尺物語」だ。一万三千尺とはメートル法で約4,000mを意味する。

　富山県産の「ひみ里山杉」をふんだんに使ったぬくもりのある車両に揺られ、富山湾の新鮮な海の幸を味わえる。車内には、職人が鮨をにぎる様子を見ることができる厨房や、富山の特産品や土産物が購入できる売店もあり、街中の散策とは一味違った富山観光を体験することができる。

　富山駅を起点に、泊駅で折り返す富山湾鮨コースと、黒部駅・高岡駅で折り返す越中懐石コースが選べる。米どころ富山県の蔵元の銘酒を味わえるのも、鉄道の旅ならでは。車の運転を気にせず存分に酔いしれながら、地元の車内ガイドとの会話を楽しんでみてはいかがだろうか。

富山湾鮨コースのメニュー／写真提供：あいの風とやま鉄道

優しい水色と朝焼けをイメージしたオレンジが印象的

北陸の人たちの人柄に惹かれて入社を決めたという

駅構内の柱には富山を象徴するモチーフがあしらわれている

旧国鉄時代から走り続けた413系。
北陸地域色を纏った最後の編成は、2024年6月1日のラストランツアーを最後に引退した。

　あいの風とやま鉄道では、県外出身者が入社を希望して移住するケースもあり、勤務中に富山ならではの方言に戸惑うこともあるという。富山弁には「きのどくな（ありがとう）」「じゃまない（大丈夫）」など独特な表現もあるが、会話に慣れてくると、その素朴であたたかな人柄を感じられるという。
　車掌は案内放送やドアの開閉のほか、車内を定期的に巡回し、乗客への切符販売や列車ダイヤの案内などの業務も担う。通勤通学時間帯は大変混み合うため、ドアの開閉にかなり神経を使うという。最近では海外からの観光客の利用が増えており、外国語での案内をする機会も多くなった。また、週末には地元の小中学生たちが初めて公共交通機関を使って遊びに行く光景も見られ、その案内を担うこともある。
　車掌は、利用者との密接なコミュニケーションが必要だからこそ、求められるサービスの変化を敏感に感じ、これからの鉄道の未来を考える窓口にもなっている。

あいの風とやま鉄道

魚津駅
Uozu

戦後建てられた駅舎が大切に使われている

　富山県東部、新川地方の中心都市・魚津市中心部にある魚津駅は、富山県東部の拠点駅となっている。2015年の北陸新幹線開業まではJRの特急列車も停車していたが、現在はライナー・普通列車のみが発着しており、通勤通学のほか、ビジネス客のホテルや飲食店街への来訪目的の利用も多い駅である。

　魚津市は「蜃気楼の見える街」としてアピールしており、春から初夏にかけて魚津港周辺から富山市や黒部市方向などに見ることができる。魚津駅から魚津市民バスに乗って10分ほどで、特別天然記念物の魚津埋没林、道の駅などがある魚津港へとアクセスでき、魚津の観光をコンパクトに堪能できる。

　また、駅構内には魚津の特産品販売所「ミラマルシェ」があり、地元産のりんごや桃などの直売、魚津名物でバイ貝を炊き込んだ「バイ飯」、エビや魚のすり身を食パンに挟んで揚げた「魚津ハトシ」などを提供しており、気軽に立ち寄って楽しめる。

魚津市のイメージキャラクター「ミラたん」の看板が目印

新魚津駅との連絡通路になっている地下道

魚津駅

ホームからは新魚津駅に発着する電車が見える

管理駅である魚津駅を中心に富山県東部の各駅を担当する

改札前には魚津市の玄関口らしい巨大な蜃気楼のパネルがある

マスコットキャラクター
「あいの助」

手描きで味のあるマナー広告

　魚津駅北側の地下道を通ると、富山地方鉄道本線・新魚津駅につながっており、黒部峡谷鉄道への乗換駅である宇奈月温泉方面、上市や電鉄富山方面へ乗り換えが可能になっている。
　また、魚津駅はあいの風とやま鉄道の東部エリア（東滑川駅〜越中宮崎駅）の管理駅としての役割も果たしている。地域貢献を志してあいの風とやま鉄道での仕事を選ぶ人が多い中で、駅員はまさに沿線住民の生活の支えとなる仕事だ。きっぷの販売、改札、乗り換え案内など、乗客との多種多様なやりとりが毎日続く。特に富山は豪雪地帯であるため、冬季は雪による運行トラブルもあり、その都度隣県の鉄道会社とも連携し、的確な案内が求められる。安全に目的地へ到着できるように乗客を見守りながら、「地域の玄関口」である駅の代表として、旬の地域の情報を把握して伝えることも、駅員の大切な役目だ。

あいの風とやま鉄道

駅舎の窓一面に「春の四重奏」の写真が貼られている

泊駅 Tomari

　泊駅は、下新川郡朝日町にあり、隣の新潟県を走るえちごトキめき鉄道との連絡駅となっている。泊駅では、同一ホームで両社の車両が縦列停車する珍しい光景が見られる。二つの鉄道会社が乗り入れることから、「あいのトキめき駅」という愛称が付けられている。

　朝日町は富山県の最東端に位置し、新潟県との県境の町。町内を流れる舟川の川べりで見ることができる「春の四重奏」は、残雪の朝日岳・桜並木・チューリップ・菜の花の美しい自然の色彩が重なる絶景。1年のうち、わずか数日ほどしか見られない奇跡の風景を観るため、県内外から多くの観光客があいの風とやま鉄道を利用して訪れる。

　また、町の東端の越中宮崎駅前には「ヒスイ海岸」と呼ばれる海岸があり、日本の「国石」でもある翡翠が採れることで知られる。エメラルドグリーンのきらめく翡翠を求めて、海岸で宝探しに興じる人もいるロマンチックな場所だ。

直江津方面からえちごトキめき鉄道の気動車が乗り入れる

2社が乗り入れる駅らしい「あいのトキめき駅」の駅名看板

泊駅／越中大門駅

ラッシュ時は4両編成の列車が行き交う

現在も残る、貨物専用線へと繋がっていた線路

開業当時の趣を残すレトロな駅舎

　越中大門駅は、県西部の射水市にあり、2023年で開業100年を迎えた。周囲には古くから大手企業のセメントや繊維などの工場が立ち並び、かつては工場への貨物専用線も敷かれていた。現在はコミュニティバスの発着拠点としても機能している。

　射水市は、2005年に5市町村が合併して誕生した。西隣の高岡市との境には、飛騨地方を水源とする一級河川・庄川が流れ、かつては湿地が拡がっていた射水平野を経て富山湾に注がれる。駅前広場には1934年に起きた庄川水害の洪水水位標が建てられ、河川の影響の大きい土地であることを感じさせる。

　越中大門は毎年5月に「越中だいもん凧まつり」が庄川の河川敷で行われる、凧の街でもある。巨大な凧やカラフルなカイトなど500枚を超える凧が空に舞う。初夏の風と河川敷を走り抜ける人々を横目に、あいの風とやま鉄道の列車が駆け抜ける。

あいの風とやま鉄道とその沿線

　富山県西部、富山湾に面する射水市の富山新港に2012年に架けられた「新湊大橋」は、新しい観光スポットとしてにぎわう。富山新港周辺は多くの工場が並ぶ工業地帯として知られ、かつては2つの鉄道路線が乗り入れていた。現在はそのうち富山地方鉄道・射水線は廃線、加越能鉄道から路線を引き継いだ万葉線は今も終点・越ノ潟駅まで走り、そこから新湊大橋にアクセスできるようになっている。

　新湊大橋は、全長3.6km・主橋梁部600m、上部は車道、下層部は歩行者が通行できるようになっており、日本海側最大級の斜張橋として富山湾のランドマークとなった。新湊大橋を利用すればぐるりと港をひと回りでき、晴れた日には能登半島と立山連峰を臨むことができる絶景スポットとしても人気を呼んでいる。

　富山新港のもう一つの顔である帆船「海王丸」も新湊大橋の徒歩圏内にあり、「日本のベニス」と称される水辺の街・内川へのアクセスも良好だ。海王丸は「海の貴婦人」と呼ばれ、元々商船学校の練習船として使われた帆船だ。29枚の帆を全て開く「総帆展帆（そうはんてんぱん）」の日は春から秋にかけての年10日間程度で、その堂々たる姿を一眼見るため多くの人々が集まる。その作業は地元のボランティアによって支えられている。

　あいの風とやま鉄道で行く場合には、高岡駅から万葉線に乗り継いで行くと良い。冬季の晴れた早朝には立山連峰からのぼる朝日を、富山新港越しに拝むこともできるだろう。

ウォーキングやサイクリングスポットとしても市民に人気

新湊大橋の向こうには富山新港火力発電所が見える

立山連峰の朝日と海王丸の、雄大な風景

石動駅から見える雄大な山並み

高岡駅隣接の「クルン高岡」

　あいの風とやま鉄道の各駅はそれぞれの地域の「顔」となっている。石動(いするぎ)駅は、メルヘンのまちとして知られる小矢部市の中心部にある。駅舎には小矢部市民図書館が併設されており、列車の待ち時間にはもってこいの場所だ。
　県西部の中心都市・高岡市の中心市街地にある高岡駅では、伝統工芸である鋳物の技術から生まれた「おりん」の澄んだ音や、市の出身作家である藤子・F・不二雄氏の代表作『ドラえもん』の高岡銅器製ポストが出迎えてくれる。近隣では日本三大佛の一つ「高岡大佛」や、江戸時代から続く歴史ある街並みの散策も楽しめる。
　県庁所在地・富山市のターミナル、富山駅は北陸新幹線やJR高山本線と接続し、高架下には富山地方鉄道の市内電車停留所がある。富山地方鉄道の電鉄富山駅も隣接している交通の要衝で、通勤通学の利用者も多く、富山県の情報や文化の交流拠点になっていることが伺える。

滑川駅近くの路上には名物であるホタルイカがあしらわれる

黒部市生地地区の「生地の清水(しょうず)」

　東へ向かうと、日本海の影響が色濃くなってくる。滑川(なめりかわ)は富山湾の特産・ホタルイカのまちとして知られ、駅前のいたる所にホタルイカのキャラクターやモチーフが点在している。3〜5月のシーズンには新鮮なホタルイカが味わえる店も多い。
　黒部市内にある生地(いくじ)駅は駅前の湧き水をはじめ、地区全体に多くの湧水スポットがあり、「清水(しょうず)」と呼ばれ、古くから飲み水や炊事洗濯に活用されてきた。駅前から黒部市内路線バスを利用し、地魚を多く扱う魚の駅「生地」へもアクセス可能だ。
　さらに東へ進んだ入善(にゅうぜん)は「海洋深層水のまち」として知られ、沖合で汲み上げられた低温かつ清浄、ミネラル豊富な海洋深層水は、ペットボトル飲料や魚介類の養殖などに利活用されている。
　石動駅から泊駅まで全長約100km、乗り通すと約1時間半の旅路だ。気になった駅で降り、沿線のまちの個性を楽しんでみるのはいかがだろうか。

富山地方鉄道とその沿線

社名：富山地方鉄道株式会社
設立：1930年2月11日
本社：富山市桜町1丁目1番36号
営業キロ：鉄道 93.2km、軌道 15.2km

新宮川駅近くを雪煙をあげ走る10030形電車

　1930年に創立された富山電気鉄道を前身とし、戦時中の1943年に富山県内の交通事業者大統合によって、富山地方鉄道が誕生した。2020年には市内電車の富山駅南北接続事業完成による直通運転開始に先立ち、富山港線を運営していた富山ライトレールを合併統合。鉄道線・軌道線を有する、地方では有数の規模を誇る鉄道会社として、毎日多くの乗客を運んでいる。

　鉄道線は、富山市にある電鉄富山駅を起点に、内陸部から富山湾沿いへと伸び、もう一度山側へ走り、観光名所である宇奈月温泉へと向かう「本線」、立山黒部アルペンルートの玄関口・立山駅に向かって常願寺川東岸を山深いエリアへと進む「立山線」、稲荷町駅から分岐し市内電車と接続する南富山駅を経て立山線の岩峅寺へ至る「不二越・上滝線」がある。町々に駅が設けられ、こまめに停車しながら沿線住民のニーズに応えると共に、県外からの観光客の貴重な足にもなっている。

行き先別に整頓されたヘッドマーク（電鉄富山駅）

全国各地からやってきた車両が肩を並べる（電鉄富山駅）

富山地方鉄道本線

趣ある稲荷町駅の駅舎

稲荷町テクニカルセンターには富山地鉄の全ての車両が配置

貴重な構内踏切が随所に残る（東新庄駅）

バラスト運搬散布車を牽引したデキ12020形電気機関車（寺田駅）

東新庄駅の出札窓口

寺田駅のベンチ

寺田駅の構内踏切

　富山地方鉄道本線は、電鉄富山から宇奈月温泉を結ぶ、53.3kmの電化路線である。途中、検修施設が併設された稲荷町駅で不二越・上滝線と、寺田駅で立山線と分岐する。舟橋村、上市町では唯一の鉄道であり、滑川市内〜魚津市内ではあいの風とやま鉄道と併走。新黒部駅で北陸新幹線と連絡するなど、沿線のニーズに細かくこたえる路線である。終点・宇奈月温泉で黒部峡谷鉄道に接続する。

富山地方鉄道とその沿線

スイッチバック構造で全列車がここで方向転換する（上市駅）

上市駅構内

浜加積駅の趣ある駅舎内

西魚津駅は魚津水族館の最寄り駅

早月加積駅の「着札箱」

大切に使われる駅舎内のサイン（経田駅）

豪雪に耐えてきた木のホーム屋根（電鉄石田駅）

ホームの立派な大屋根（電鉄黒部駅）

富山地方鉄道本線

東三日市駅

浦山駅

愛本駅

北陸新幹線の黒部宇奈月温泉駅と連絡する新黒部駅

舌山駅のスカイブルーの駅舎

　上市駅からはバスで約25分揺られると、夏場でも涼やかな苔に覆われた渓谷「千巌渓」へ行くことができる。また終点・宇奈月温泉駅から少し歩くと、弥太蔵谷に架かる水路橋が見える。黄葉の季節はまさに絶景である。自然の力強さを感じられる沿線のスポットを堪能してほしい。

富山地方鉄道とその沿線

真川橋梁を渡る 14760 形電車がモノトーンの世界に彩りを与える（本宮駅〜立山駅間）

富山市中心部から東南部の立山山麓へと向かう立山線は、内陸部を常願寺川東岸に沿って上り下りを繰り返しながら立山駅へ向かう。特別豪雪地帯に指定されている立山町は、冬になると雪によって交通に支障を来すこともあり、雪の中でも走り続ける立山線に頼る住民も少なくない。

不二越・上滝線と分岐する岩峅寺駅を過ぎると、徐々に平野から山間へと分け入り、季節ごとに移り変わる雄大な車窓を感じられる路線だ。

立山線も常願寺川沿いの豪雪地帯を走る（千垣駅〜有峰口駅間）

富山では貴重な冬の晴れ間（千垣駅）

富山地方鉄道立山線

100年以上前に建てられた岩峅寺（いわくらじ）の駅舎

鉄道模型のレイアウトに登場しそうな構内踏切（岩峅寺駅）

岩峅寺の駅舎は1921年竣工で「とやま近代歴史遺産100選」にも選ばれ、屋根に神社を模した破風が据えられる。映画撮影にも使われた。

岩峅寺駅に停車する10030形電車

岩峅寺駅の改札風景

立山町の中心地・五百石駅

稲刈り間近の田園地帯を走る「ダブルデッカーエキスプレス」（下段駅〜釜ヶ淵駅間）

富山地方鉄道とその沿線

新緑鮮やかな千垣橋梁を渡る14760形電車

アニメ『クロムクロ』にも登場した横江駅

移籍後に貼り替えられた10030形電車のモケット

澄んだ空気とあいまってヨーロッパの山岳鉄道の趣だ（立山駅）

富山地方鉄道立山線

発車を待つ元東急の17480形電車（立山駅）

屋根に覆われているからか地下駅を思わせる改札（立山駅）

立山駅から立山黒部アルペンルートを目指す利用者も多い

　標高3,000mに及ぶ立山連峰の麓、海抜475mにある立山駅は、山小屋風の駅舎に入ると、登山グッズを取り扱う店や休憩所、土産物屋などがある。登山シーズンを迎えると、大きなリュックを背負ったアウトドアスタイルの利用客が、標高977mの美女平駅を目指すケーブルカーの到着を列をなして待つ様子が見られる。立山駅前はロータリーに沿って飲食店、土産物店、博物館などが軒を連ね、国内外から観光客が集う場所となっている。

色とりどりの車両が行き交いホームにいると飽きることがない（立山駅）

富山県のアニメーション制作会社・ピーエーワークスの作品に登場する鉄道

富山県が舞台モデル

© クロムクロ製作委員会

　2016年にピーエーワークス15周年記念作品として世に送り出された作品。富山県の上空に突如現れた宇宙からの侵略者が、県民なら見慣れた風景を次々に破壊していく様子は、巨大ロボットアニメ作品に現実と地続きのリアリティ、説得力を与えた。物語の序盤では富山地方鉄道（以下、富山地鉄）が富山市内で運行する7000形電車が登場。侵略者が操る大型ジオフレーム・イエロークラブに放り投げられ真っ二つにされる様子は、放送当時衝撃を受けた県民も多いだろう。
　第16話では、コスプレ撮影に出かけるヒロイン・白羽由希奈と友人たちが、撮影場所までの移動に富山地鉄の10030形電車を利用。同車は京阪電気鉄道からの譲渡車で、通称「かぼちゃ電車」と呼ばれる黄色と緑の塗色や、張り替えられた赤色モケットの座席など、富山地鉄移籍後の姿が忠実に再現されている。アニメ作品で地方のローカル鉄道がしっかり描かれることは、取材コストや時間の関係で多くはないが、富山県が本社のピーエーワークスならではの鉄道描写と言えるのではないだろうか。
　劇中では、黒部ダムに設けられた国連の研究所（もちろん架空）へ人や物資を運ぶリニアモーターカーも登場する。富山地鉄・立山駅そっくりのロケーションにある新立山駅からは、科学技術を結集した超高速車両が発着。現実の風景を活かしながらも、アニメならではの表現を取り入れているシーンである。

ダム建設時に偶然発見された謎の遺物、アーティファクトの研究を行うために設立された国際連合黒部研究所。
世界各国の頭脳が集う研究所員の子女が通う立山国際高校には、研究所長の娘、白羽由希奈も通っていた。
時は2016年、夏。
ひとりのサムライが、ふたたび目を覚ます。

Blu-ray 第一集～第四集 好評販売中
Netflix にて全26話見放題配信中

原作：Snow Grouse
監督：岡村天斎
シリーズ構成：檜垣亮
ヴィジュアルコンセプト・メカデザイン：
岡田有章
キャラクターデザイン：石井百合子
総作画監督：西畑あゆみ
美術監督：池信孝
撮影監督：若林優

色彩設計：水田信子
3D監督：春田幸祐
メイン3Dアニメーター：市川元成
編集：高橋歩
音響監督：若林和弘
音楽：堤博明
音楽制作：ポニーキャニオン
プロデュース：インフィニット
アニメーション制作：P.A.WORKS

続編小説「クロムクロ 秒速29万kmの亡霊」

　2016年に放送されたオリジナルテレビアニメ『クロムクロ』のその後を描いたSF小説。時空を超えてよみがえり、クロムクロを駆って宇宙からの侵略者・エフィドルグと熾烈に戦った戦国時代の侍・青馬剣之介時貞は、決戦の後、ワームホールの先に消えた。白羽由希奈は航они艦〈くろべ〉に乗り込み、ソフィたちアニメでおなじみのキャラクターたちとともに、剣之介がいるはずの射手座χ1をめざす。その長い旅の途上、射手座26星系で由希奈たちが遭遇したものとは……。ピーエーワークスの15周年記念作品であり、同社初のロボットアニメ。この記念碑的人気作の続編を、アニメ本編のシリーズ構成を手がけた檜垣亮が渾身の書きおろし!!

原作：Snow Grouse
著：檜垣亮
発行：parubooks
ISBN：
上巻　978-4-909824-02-8
下巻　978-4-909824-03-5

石川県
ISHIKAWA

IRいしかわ鉄道

北陸鉄道 石川線

連作短編小説

ローカル線と、季節を越える

著 上田聡子

石川篇 —— 2023年 冬

　畳敷きの和室でくつろぐ私の、浴衣のすそからのぞく足首がほてって赤い。隣では、高校生のときから親友の島本涼香が、同じ柄の浴衣姿で濡れた髪をバスタオルで押さえている。
「露天風呂に入りながら雪が見られるなんて、贅沢や」
「ちょうど、咲苗が帰ってくるタイミングが良かったんやろうね」
「いつもより初雪は遅かったみたいやけどね」
　12月に入ってすぐ、彼女から『家電量販店で電子レンジを買い換えたら、もらった抽選券があたった。そしたら加賀温泉郷にある山中温泉の旅館に招待されて。一緒に行かんけ?』と連絡が来た。それで、大学が冬休みになってすぐ、帰省したのだ。これから、親友と二人だけの忘年会のはじまりだ。
　襖が開けられ、仲居さんがお膳を運んできた。私も涼香も、思わずにんまりする。カニづくしコースにご相伴できるなんて、涼香さまさまだ。
　座卓いっぱい並ぶカニ料理に目を輝かせていたら、仲居さんが教えてくれた。
「石川県のカニ漁は、メスの香箱ガニが11月6日に解禁されて、こちらの期限は12月末ぐらいまで。オスのズワイガニも解禁日は同じなんですが、3月20日ぐらいまで漁ができるんですよ」
　東京では聞かないカニの名前に、故郷に帰ってきたなあとしみじみする。透明なズワイガニの身を沸いた出汁にくぐらせて口に入れると、あまりの美味に頬がゆるんでいくのを押さえられなかった。涼香が、石川県の地酒「手取川」を頼んだ。こっくりとした口当たりがカニの甘味を濃厚さへと変えていく。たわいないおしゃべりの愉しさも、涼香の目尻に寄る笑いじわも、高校時代となにひとつ変わらなくて、あっという間にときが巻き戻ってゆく気がした。
　地酒の最後のひとさしを、涼香は私のおちょこへ向けた。
「咲苗は東京で就職するんやろ?」
　今まさに悩んでいることに水を向けられ、私はうつむいた。
「実は、こっちへ帰ってこようかと、考えはじめとる」
「彼氏さんいるって聞いてたし、咲苗はこの先も向こうにいると思っとった。ラブラブなんじゃないが?」
「それがやね……」
　焼きガニの身をカニ用スプーンでつつきながら、涼香にことのあらましを話した。
　大学に入って初めてできた恋人、京都府宇治市出身の奥山慶悟。彼は夏前から、企業説明会に顔を出したり、インターンに参加したりしていた。水を得た魚のように、楽しげに。12月に入ってからも、就活で都内を駆けまわる慶悟に、なんとか時間をつくってもらって、クリスマスイルミネーションを見に丸の内へ行った。メインストリートの両脇の街路樹がきらきらと輝くなか、私に歩調を合わせて歩く慶悟は、いらいらしているように見えた。本当は、私とのデートなんかほっぽり出して、東京で拓ける自分の未来だけ考えていたい――そんな風に横顔が言っていた。
「この先、慶悟の隣にいるのは、私じゃない子のほうがいいんかもしれんなって、思っとってん。数えきれないほど人がいる東京で、私のかわりが見つからないなんてことは、たぶんないから」
「そうやろうか。少なくとも私にとって、咲苗のかわりはおらんけど」
　親友の言葉に、ほっと体が緩む。私はほろ酔い気分のまま、涼香に聞いた。
「涼香は、公務員試験を受けるんやろ?」
「そうやね、そのつもりで準備しとる」
「堅実やなぁ、さすがやわ。私も涼香みたいに、ちゃんと選びたい。自分の、将来なんやから」
　口からこぼれた言葉が、不思議なほど心にしっくり収まった。そんな私を見て、涼香が「咲苗は、納得したいんやね」と目を細めた。

「東京、なんでもあると思うけど。それでも咲苗がふるさとに戻ることを考えとるんなら、理由があるはずやよね、彼氏さんは関係なく。それはなんやと思う?」

「えー、なんやろ……」

　涼香の落ち着いた声音に、改めて私は頭を巡らせてみた。

「東京は大きな街で、なんでも買えて、いろんな人に会える。大好きなところもいっぱいある。けど、私がそこですこやかに根を伸ばせるかっていったら、違う気がするんやよね」

　涼香が、首を傾げる。

「それはどうして?」

「たぶんこっちには、私にとっての余白がある」

　涼香が「続けて」と私に向かい合った。

　説明しながら、自分の伝えたいことに焦点を合わせてゆく。

「東京は大好きな街やよ。流行りものがなんでもあって、面白い人もたくさんいて。でも、北陸におると、私は肩の力を抜くことができるみたい。時間のスピードが向こうと違って速くなくて、日常のあちこちに『良いすきま』が隠れとる感じ。こんな言い方で、伝わるけ?」

　澄んだ空気と、水の美味しさ。生活圏の間近にある、山や海の四季折々の彩り。直売所にならぶつやつやの野菜たち。高層ビルに覆われていない広い空。ここでは、私の体が細胞レベルで呼吸できる。

「地元にいたときは気づいとらんかってん。でも、東京に出てみてわかった。私は、そういう余白があって初めて、私自身を活かせるんやと思う」

　その晩は明かりを消したとたん、吸い込まれるように寝入ってしまった。夢も見ないほどの、それでも何かに包まれているような温かい眠りだった。

「しらやまさんへ、お詣りに行こう」と、翌日涼香と決めた。

　しらやまさんとは、石川県白山市にある加賀一の宮、白山比咩神社のことだ。全国三千余社の白山神社の総本山である。

　同じ石川県内でも、バス移動した山中温泉から加賀温泉駅まではあった積雪が、北陸本線で手取川を渡るにしたがってだんだんなくなり、西金沢駅ですっかり消えた。

　今度は北陸鉄道石川線に乗りこむ。こちらの車体は銀の地色にオレンジ線が入っている。鶴来に向かうにつれ、田園や道路、屋根などに積雪が増えていく。

　到着した鶴来駅から「つるぎまちめぐりバス」に乗ること7分。12月半ば過ぎの白山比咩神社の参道は、全体に白砂糖のような雪をかぶり、しんとした佇まいで私たちを迎えてくれた。足を踏み入れるたび、体感温度が下がるのをいつも感じる。真冬なので、なおさらだ。本当に、神さまがおわす神社だと思われてしまう。

　雪のせいか参拝客も少な目で、私たちが雪を踏みしめる足音が耳に残る。遠く近く、聞こえるかすかな水音は手取川のものだろうか。

「さっぶいわぁ」

「わ、木から雪が落ちてきて首入った!　やばっ」

　小さくはしゃぎながら、眩しいほど明るい雪景色のなかを歩く。本殿前まで来ると、凛として厳かにはりつめた気配に、思わず背筋が伸びる。

　二礼、二拍手、一礼。そのまま手を合わせ、目を閉じた。

　ゆっくりと、心が静まり、また定まってゆくのがわかった。東京でつくった大切な記憶が、ひとつずつ心を巡る。

　涼香が「絵馬を書かんけ?」と提案してくる。社務所でそれぞれに購入し、凍てつく空気の中、手袋を外した。彼女は「そういえば」と言い油性ペンのキャップを外す。

「高校生になって、咲苗に初めて会ったとき、いい名前やなって思ったんやよ」

「え?」

「あなたはきっと、きれいな花を咲かせる人なんやろうね」

口の端から笑みがこぼれ、白い息となって消えた。「公務員試験に受かりますように」と、達筆で書きこむ涼香の隣で、私はどう願いを書くか迷った。「自分の道を、しっかり決められますように」と、丸文字でしたためる。親友が褒めてくれた名前だ、と思ったら、ほんのり嬉しくなった。ライトグレーの真冬の空を見上げたら、粉雪がまた降り出し始めていた。

　北陸本線にふたたび乗り、金沢駅に到着した。ホームに停まっていた富山方面行きの車両は、ブルーを基調として、側面の横線が臙脂色だった。涼香が豆知識を披露する。
「この側面横線や転落防止幌のアクセントカラーは、九谷焼や加賀友禅などで使われる『加賀五彩』が使われとるんやよ。色は５色で、臙脂・黄土・草・古代紫・藍」
　物知りな涼香に感心していると、彼女はさらにとっておきの情報を教えてくれた。
「今日の旅程も、春からはＩＲいしかわ鉄道になるんやって。来年もし咲苗がこっち帰ってきとったら、今度はそれに乗ってまた旅行せんけ」
　駅構内は師走とあってか、だいぶ混雑している。涼香が、スマホを見てにやりと笑った。
「美玖と陽菜が合流したいって！　片町あたりで、みんなで遊ばん？」
「えー、二人とも懐かしすぎるわ！」
　早瀬美玖と中内陽菜は、同じ高校の元同級生だ。学生時代のお昼休み、よく４人して図書室前でお弁当を食べた、気心知れた仲間だった。
　金沢駅の玄関口でありシンボルの鼓門を出て、金沢随一の繁華街・片町方面のバスを待つ。生まれ育った町の懐かしい空気に、心がほぐれていく。バスロータリーの反対側にあるショッピングビル・フォーラス前には、大きなクリスマスツリーが立っていて、その姿を見た途端、胸がきゅっとなった。慶悟は、いま何をしているだろう。遠くの彼を思う気持ちも、友との楽しい時間も、いろいろな思いぜんぶを乗せて、私に新しい年がやってくる。

ＩＲいしかわ鉄道

大聖寺～倶利伽羅

「ＩＲ」は「石川レールウェイ」の頭文字。爽やかなブルーの車体が、富山県に隣接する倶利伽羅駅から石川県の最西端である大聖寺駅まで走り抜ける。金沢から西部は砂浜の続く日本海沿岸を中心に路線が伸び、加賀温泉郷を抜けて福井へ向かう。

社名：ＩＲいしかわ鉄道株式会社
開業：2015年3月14日
本社：石川県金沢市高柳町九の1番地1
営業キロ：64.2km
駅数：19駅

津幡駅から富山方面へ。工業団地のある山間を抜け、倶利伽羅峠を越える

IRいしかわ鉄道

金沢駅
Kanazawa

特急列車は走らなくなったが、各方面への列車がひっきりなしに出入りする

　北陸三県の中央部に位置する石川県は、日本海に大きくせり出した能登半島の「能登地方」と、金沢など南部の「加賀地方」に大きく分けられる。IRいしかわ鉄道の路線は、加賀地方の日本海沿岸部を中心に、津幡町の倶利伽羅駅から加賀市の大聖寺駅まで、全長64.2kmの距離を日々走っている。

　あいの風とやま鉄道と同様、IRいしかわ鉄道も2015年の北陸新幹線開業に伴い、第三セクターによる地域の鉄道事業者として誕生し、JR西日本から引き継いだ倶利伽羅〜金沢間での運行をスタートした。さらに、2024年3月16日の北陸新幹線・金沢〜敦賀間の延伸開業で、金沢駅以西（金沢〜大聖寺間）の運行も引き継ぐこととなり、富山県境から福井県境までの県内全線開業を果たした。鉄道会社の社名としては珍しいアルファベットの「IR」は、「Ishikawa Railway」の頭文字をとって「アイアール」と読むが、県民に親しまれる「愛ある」鉄道とサービスを目指したい思いも込められ

金沢駅まではあいの風とやま鉄道の車両、ハピラインふくいの車両も乗り入れる

IRいしかわ鉄道 路線図

マスコットキャラクター
「あいまるくん」

富山・福井両方向へのローカル列車の結節点として、金沢駅の果たす役割は大きい

北陸新幹線開業と同時に県内全線が移管完了

ている。

　石川県は金沢市とその周辺に人口が集中している。IRいしかわ鉄道は郊外に居住し金沢市中心部などへ通勤・通学する人が多く利用し、バスと共に欠かせない公共交通機関となっている。また、加賀温泉などの観光地や、隣県の富山と福井など、県内外の人々の移動に重要な路線だ。

　金沢駅以西の移管に合わせて、通勤通学時間帯の増便を行ったり、白山市により松任〜加賀笠間の間に新たに「西松任駅」を開設したり、細やかに利用者へのサービスに努めながら、県民の頼れる足となることを目指している。

　大聖寺から金沢へ向かう間、車窓はのんびりとした風景から賑やかな市街地へと変化していく。時間帯によっては、学生たちでごった返し、にぎやかに方言が飛び交う車内も楽しい。

IRいしかわ鉄道

金沢駅東側の車両センターは車両基地としての機能を持ち、北陸三県の車両が停車している

　IRいしかわ鉄道は設立以来、若い人材を積極的に採用。JR西日本の協力も受け、同社へ出向するなど現場経験を積んできた。駅員、車掌を経て、運転士を目指す人も多く、女性の運転士も活躍中だ。また、社員の平均年齢が若く、勤務時間は不規則ではあるがシフト管理できっちり休養が取れる労働環境を気に入り、長く勤務する人も多い。

　災害やトラブルがあった場合、乗客への適切な案内をするための車内放送に心を砕くそうだ。子どもにもすぐにわかるような言葉選び、騒がしい車内でも声が通るような話し方など、都度心を落ち着かせて業務を行う。

　車掌が乗務しないワンマン運転の際は、運転士が一人で全ての業務を行うため気を張ることも多いが、沿線の子どもたちから手を振られたり、一緒に写真を撮られることもあり、憧れの目を向けられる仕事だと感じると言う。彼ら、彼女らは、石川県民の生活を支える身近なヒーローなのだ。

車両の連結など力が必要な仕事では男女で協力しあうこともある

風流を好む金沢人らしい、車両センターの中庭

冬季の除雪を担う、除雪用気動車キヤ143

真剣に仕事に向き合う姿が、
子どもから大人まで頼れる存在に。

45

地元に根付いた鉄道会社で
仕事も、やりたいことも、同時に叶える。

JR時代のラッピングを纏った521系が、検修庫で化粧直しを受けていた

ＩＲいしかわ鉄道

七尾駅まで乗り入れる、ＩＲ所有の七尾線カラー521系。ドア横のエンブレムとスカート部の「ＩＲ」から始まる番号が目印

　検査及び修繕を意味する「検修」では、車両の検査、記録、必要な修理が一連の作業となる。社員には地元出身者が多く、小さな頃からの鉄道好きが高じ入社した人もいる。検修員たちは、金沢駅以西の開業まではJR西日本の金沢総合車両所で経験を積み、同所のＩＲいしかわ鉄道への移管に合わせ、初めて自社の制服に袖を通したそうだ。

　検修員には原則夜勤はないが、万が一車両にトラブルがあった場合は、運行確保のため夜を徹しての作業になることもあるという。毎日運行される車両をローテーションしながら、確実に安全チェックを行っていく。休みの日は趣味に打ち込んだり旅行に出かけるなど、メリハリがあり、仕事に集中しやすいという。

　社員は皆一様に、地元は暮らしやすい、働きやすいと話すのが印象的だった。特に鉄道のようなインフラは、互いに支え合い、細やかな気配りをしながら、真面目に仕事に向き合う人々がいてくれるからこそ、維持し続けられると実感させられる。

20代でも技術管理のキャリアを現場で積んでいく

ラッピングの貼り替えは数日ががりの手間のかかる作業

IRいしかわ鉄道

倶利伽羅駅
Kurikara

牛の角に松明をつけた「火牛の計」を表す牛のモニュメント

河北郡津幡町にある倶利伽羅駅の名は、石川・富山県境の倶利伽羅峠に由来する。あいの風とやま鉄道との境界駅であるが、乗り換えは必要なく、スムーズに乗り入れが行われている。

古くからの街道である「北陸道」や、かつて源氏と平氏による「倶利伽羅峠の戦い」の舞台となった場所の最寄り駅である。駅のホームや階段など、そこかしこに源平合戦のモチーフが飾られ、特に「火牛の計」(源平合戦の際に源氏側が行ったと伝わる、牛の角に松明を付け奇襲する戦法)を表す牛のモニュメントが印象的だ。駅舎は開業した明治40年代に建てられたものを修繕して使い続けているため、レトロな風合いを残している。

あいの風とやま鉄道とIRいしかわ鉄道の社員に人気なのが、この倶利伽羅峠を越える時の風景。霧に霞む山々の姿や美しい夕日など、季節や時間によって趣の異なる良さに気付けるのも鉄道の車窓ならでは。

懐かしい丸型ポストが目を引く駅舎

カーブが続きカメラマンにも人気のスポット

津幡駅
Tsubata

駅の柱や中の壁面はコーポレートカラーの明るいブルーに塗り替えられている

　津幡駅には能登半島中部の七尾駅までを結ぶ、JR七尾線が接続している。七尾からの列車は津幡駅に停車後、ＩＲいしかわ鉄道線を通り、全列車が金沢駅まで乗り入れる。

　津幡駅と隣の中津幡駅の間には、直流と交流を切り替える「デッドセクション」がある。交流電化のＩＲいしかわ鉄道と異なり、直流電化された七尾線には、交流・直流電化両方に対応した521系や、JRの特急「能登かがり火」の車両でなければ乗り入れられない。

　駅舎の屋根をよく見てみると、親指を立てたような能登半島の形をしていることに気づいた。壁面のタイルのデザインも能登半島を表しており、ここから能登半島方面へとアクセスできることを意識させられる。

　津幡町は、「石川県森林公園」や、大規模な干拓農地が広がる「河北潟」など、豊かな自然環境と金沢市へのアクセスの良さから、ベッドタウンとして人気を集めている。

客車時代の低いホーム跡が今もくっきりと残る

これから七尾線へと入る、ＩＲ所有の521系100番台

IRいしかわ鉄道

東金沢駅
Higashi-Kanazawa

北陸新幹線の高架橋建設に伴い移設された駅舎と線路の周りでは、宅地や商業施設が開発されている

　金沢駅の一つ東側にあるのが東金沢駅である。駅の近くには、IRいしかわ鉄道の本社や車両センターの他、JR貨物の「金沢貨物ターミナル駅」などもあり、鉄道の一大拠点の最寄り駅となっている。周辺には学校や商業施設のほか、野球場やサッカースタジアムなどもあることから、曜日を問わず多くの利用客が行き交う。

　金沢駅は2005年に鼓門ともてなしドームが完成した。IRいしかわ鉄道の他、北陸新幹線、北陸鉄道浅野川線が乗り入れ、駅前からは金沢市内各地へのバスがひっきりなしに発着する、北陸三県を代表するターミナル駅である。駅構内や周辺には多くの商業施設がひしめきあい、駐車場も限られていることから、石川県民だけではなく、富山・福井両県からも列車を利用した買い物客が訪れている。

近年オフィスビルなどの建設が相次ぐ金沢港口（西口）

金沢のシンボルとして定着した、金沢駅兼六園口（東口）の鼓門。ガラス張りの天井からは陽光が降り注ぐ

駅名標にはＩＲいしかわ鉄道、ハピラインふくい両社のロゴが並ぶ

九谷焼発祥の地として知られる大聖寺駅は、九谷焼で作られた看板が目印

大聖寺駅
Daishōji

　大聖寺駅は石川県最西端の駅として、ハピラインふくいとの境界駅ではあるが、乗り換えなしでそのまま乗車できるよう、相互直通運行されている。

　現在は無人駅ではあるものの、2022年に加賀市によって「大聖寺ゲートウェイ」と呼ばれる複合施設としてリニューアルされた。駅舎内には地元の素材を生かしたパン屋が入り、休憩施設やコワーキングスペースとして活用されている。

周辺には加賀市役所などもあり、まちの新たな顔として賑わいを見せる。

　大聖寺は石川県の伝統工芸品である「九谷焼」の発祥の地とされ、石川県九谷焼美術館といった文化施設などにもアクセスできる。県内外から多くの観光客が訪れる「加賀温泉駅」は、大聖寺の東隣にあり、山代、山中、片山津といった温泉郷へと周遊が可能だ。

IRいしかわ鉄道

小松駅 Komatsu

自動改札機が並ぶ改札、通勤通学での利用が多い

　小松市は石川県でも金沢市と白山市に次ぐ人口規模であり、空の移動の要である小松空港もあるため、県内外の交通拠点として多くの人が行き交うエリアだ。歴史的には源義経と武蔵坊弁慶のエピソードが有名な「勧進帳」の安宅の関や、江戸時代から続く「子供歌舞伎」が演じられる「お旅まつり」、世界的な建設機械メーカーの展示・体験施設が駅前に設けられるなど、見どころも多い。

　駅の業務は、日中の勤務の他に月4～5回の夜勤がある。乗り越し精算や交通系ICカードの利用案内など、細かく迅速な対応が求められる。急なトラブルや混雑で慌ただしいこともあるが、うまく誘導案内できると達成感があるという。加賀笠間付近で一瞬見える日本海や、手取川と山の重なりなど、通勤途上で日々眺める車窓の風景に心を癒される。

　駅員、車掌、運転士、検修員など、それぞれの部署で業務を日々積み重ねることで、初めて乗客が無事に目的へとたどり着くことができるのだと感じ

有人改札では乗り換え案内なども親切に行う

移動の合間に仕事ができるコワーキングスペースも

小松駅

毎年5月に行われる「お旅まつり」の曳山を模した「曳山華舞台」

セレクトされたおしゃれな商品が並ぶ小松土産店(こまつとさんてん)

小松の食を堪能できるスペースに加え、小松の歴史を知ることができる資料や工芸品もディスプレイされている

られる。

　北陸新幹線の小松駅開業に伴い、構内にオープンした複合施設「Komatsu 九（ナイン）」は、地元の文化や食を気軽に楽しめる場所だ。

　「小松KABULET（カブーレ）」は、レトロモダンな店内にラーメン店や蕎麦屋などが入るフードコートだが、飲食を伴わない利用も可能。勉強や電車の待合で利用する学生も多いという。また高架下には、地元の老舗カレー店や有名パン店などが軒を連ねる。お土産ショップ「小松土産店(こまつとさんてん)」では、デザイン性の高いパッケージの土産物が並び、贈り物にもぴったりな商品が揃う。じっくり仕事や勉強ができるコワーキングスペースに加え、イベントができるスペースやギャラリーもあり、「八日市(ようかいち)地方遺跡(じかたいせき)」の貴重な出土品の展示も行う。

　まさに小松駅が、歴史、伝統文化、食、交流に至るまで、人と経済が回っていくためのまちの拠点となっている。

ＩＲいしかわ鉄道とその沿線

獅子吼高原から飛び立つパラグライダー

　石川県南東部にそびえる日本三大霊山の「白山」がある白山市には、加賀平野から日本海までを一望できる「獅子吼高原」がある。標高650mの高原からは、手取川と加賀平野に広がる扇状地がはっきりと見渡せる。高原にはその眺望を堪能できる施設として「スカイ獅子吼」がある。BBQ広場やドッグラン、そりゲレンデ、カフェなど、天候の良い時は家族連れでにぎわう。

　また、加賀地方には「加賀獅子」と呼ばれる加賀藩時代から続く伝統芸能があり、県内唯一となる獅子頭の制作工房もある。高原内の「獅子ワールド館」では、様々な形の獅子頭が展示されており、4m近くに及ぶ巨大獅子頭に圧倒される。

　獅子吼高原のある後高山は通称「奥獅子吼山」と呼ばれ、山頂まで約1時間ほどのトレッキングコースは登山客からも人気がある。獅子吼高原では山の斜面を生かし、スポーツアクティビティとしてパラグライダー体験を行っており、県内外から体験参加者がにぎやかに集う。

　ゴンドラに乗れば山頂まで移動することができ、夏場にはサンセット営業を利用して、日の入りの美しい風景が眺められる。手前の白山市から、能美市、小松市、川北町までの街並み、そしてＩＲいしかわ鉄道と北陸鉄道、北陸新幹線、小松空港に至るまで、様々な交通網の様子を一度に眺められる、まさに鳥瞰スポットだ。この眺めを求めて地元の人も来訪し、整備された展望公園で飲み物を飲みながら一息つく様子も見られる。頭を空っぽにして海に向かって広がっていく景色を眺めると、心が澄んでいくのが不思議だ。

サンセット営業の日にゴンドラから見られる夕刻の風景

フランスギクが咲き乱れる高原から見える鶴来の街

江戸時代に大聖寺藩で作られていた古九谷を偲ばせる駅前の碑

「加賀五彩」の燕脂色が施された転落防止幌

　ＩＲいしかわ鉄道の沿線では、加賀藩の歴史を色濃く感じられる。安土桃山時代に織田信長から能登一国を与えられた加賀藩の初代藩主・前田利家は、七尾城から少しずつ南下していき、金沢城に入った後、大聖寺まで範囲を広げ、最終的には百万石を越える領地を手にした。

　加賀藩3代目藩主となる前田利常の治世には、藩の文化が発展し、伝統工芸「九谷焼」もこの時代に誕生した。利常の三男で大聖寺藩主・利治の命によって、有田で製陶を学んだ後藤才次郎が九谷村（現加賀市）に戻り、開窯したことが始まりとされる。この時代の九谷焼は「古九谷」と呼ばれ、世界的に高い評価を受けている。

　同じく伝統工芸である「加賀友禅」もこの時代に発展した。同社の車両では、連結部に取り付けられている転落防止幌の色に加賀友禅の「五彩」（燕脂、黄土、草、古代紫、藍）を採用し、石川ならではのアクセントを加えている。

金沢駅のＩＲいしかわ鉄道改札口

小松駅高架下に設けられたギャラリーと待合スペース

　金沢駅は多くの路線が乗り入れ、富山方面・福井方面への結節点でもある重要な拠点だ。金沢市は県庁所在地というだけでなく、オフィスや商業施設といった沿線住民の働く場、多くの高校や大学が集積した学びの場でもあり、ＩＲいしかわ鉄道の利用者の七割近くが定期利用者である。美術館などの文化施設、観光施設なども駅周辺に集まっており、「定期外利用者」と呼ばれる観光客やビジネス客の利用も堅調に推移している。

　小松駅では改札を通過し、商業施設で消費するだけではない、駅を市民参加型のコミュニティの核とすることを目指す取組も行われている。複合施設が整備され、通勤通学で鉄道を利用するサラリーマンや学生が、待合時間を有効活用して仕事や勉学に励んだり、店舗に観光客が立ち寄ったり、旅の途中に市民の生活と交錯するような情報交流拠点になっている。まちの顔である「駅」を中心にした沿線自治体や住民の新たな動きにも注目していきたい。

IRいしかわ鉄道／西金沢駅

西金沢駅
Nishi-Kanazawa

北陸新幹線建設に併せて新設された西口、公園や駐輪場などがある

「西金沢駅」周辺のエリアは、金沢市の都市計画道路整備にあわせて北陸新幹線開業以前の1998年から、駅周辺の再開発が行われてきた。2011年に、それまでは東側にしか出入口のなかった駅舎の橋上駅化（跨線橋と駅舎が一体となった駅）が完成し、東西を結ぶ自由通路を設けることで往来を可能にした。

東と西がつながるだけでなく、東口と西口の両側にバスの乗降場、タクシープールなどの交通結節点を設け、200台が収容できる自転車置き場も新設された。さらに緑地や公園の整備、歩道の屋根付きシェルター、夜間も明るい自由通路など、駅周辺の生活者への配慮も多くなされている。

北陸新幹線の延伸開業後は、JR西日本からIRいしかわ鉄道へ移管され、西金沢駅と北陸鉄道・新西金沢駅の間を北陸新幹線が通過するようになった。多くの市民が通勤通学に利用し、沿線の発展に貢献している。

北陸鉄道石川線の踏切を渡り、北陸新幹線の高架下に入る東口

ホームからは高架橋越しに北陸鉄道石川線の列車が見える

北陸鉄道／新西金沢駅

北陸鉄道のコーポレートカラー・オレンジの駅名標

駅前ロータリーと一体になった珍しい踏切

社名：北陸鉄道株式会社
設立：1943年10月13日
本社：石川県金沢市広岡3丁目1番1号
　　　金沢パークビル1F
営業キロ：20.6km

小さいながら、IRいしかわ鉄道と接続し各方面からの結節点となっている駅

　IRいしかわ鉄道西金沢駅の東口を出て歩道を渡るとすぐの場所にあるのが、北陸鉄道石川線の新西金沢駅だ。1915年に開業、白山市鶴来方面へ向かう乗り継ぎ駅として、また同方面から日本海沿岸地域への通勤通学客の重要なアクセスポイントとして、朝夕混み合う時間帯は駅係員が窓口対応を行う。

　周辺は大きな工場や事業所が建ち並ぶ一方、宅地開発が進み若い利用者も多く行き交う。見上げると北陸新幹線も通過し、賑やかな場所となりつつあるが、ゴトゴト走る列車には懐かしさを感じる。

毎日多くの通勤通学客を迎える使い込まれた駅舎。
営業時間中は定期券なども購入可能

北陸鉄道とその沿線

駅舎とホームは構内踏切で結ばれている

野町駅方面から到着した7100形

住宅街や工場群を走り抜ける

石川線に1編成のみ在籍する7700形
（押野駅～新西金沢駅間）

情緒あふれる街並みの「にし茶屋街」近くにある野町駅は石川線の起点

北陸鉄道石川線

野町駅は「ジャンクションターミナル」と呼ばれ、石川線と接続し金沢駅や石川県庁と結ぶ『シティライナー』など、多くの路線バスが発着／写真提供：北陸鉄道

7200形は冷房化されているが車内では扇風機が現役で活躍中

石川線の郊外区間では見通しのいい直線が続く（道法寺駅〜井口駅間）

　北陸鉄道石川線は1915年に開業。金沢市の野町駅と白山市の鶴来駅を結ぶ、13.8kmの路線である。かつては野町駅から金沢市内線と接続する白菊町駅、鶴来駅から加賀一の宮駅まで運行されていた。

現在では両区間とも同社グループ会社の路線バスが代替しており、地域住民の重要な足となっている。住宅街を縫うように走り、白山市に入ったあたりからはのどかな田園風景が広がる。

北陸鉄道とその沿線

1928年に全焼、1933年に再建され増改築を経たレトロな佇まいの駅舎

　鶴来駅は、かつて北陸鉄道能美線が新寺井駅まで伸びていたが、1980年に廃線となった。白山下駅まで運行されていた金名線（1987年廃線）との分岐駅・加賀一の宮駅までの2.1kmも2009年に廃止。現在は石川線の終着駅としてレトロな駅舎が静かにたたずむ。

待合室内の「ほくてつミュージアム」、昔使われていた鉄道用品を展示

鶴来駅には車両基地があり、昼間は多くの車両が留置される

2009年まで運行されていた加賀一の宮駅までの区間跡（鶴来駅近く）

前面窓に「シティライナーバス接続」表記を掲げた7200形

北陸鉄道石川線

手取峡谷にある落差32mの綿ヶ滝（わたがたき）。綿が舞っているように見えるのでその名がついたという

　白山を源流とし、非常に良好な水質と豊富な水量を誇る手取川を上流から辿ると、麓にある手取湖を過ぎてしばらく下ったところに、約8kmにわたって20～30mの絶壁の「手取峡谷」が続く。凝灰岩や流紋岩などの巨岩が手取川によって長い時間をかけて侵食され、奇岩とも言われるほど個性的な岩肌を作る。峡谷を抜けると、白山市鶴来を扇頂部とした「手取川扇状地」が形成され、その特徴的な石の河原は「石川」という県名の由来にもなっている。

長年の浸食で変化に富んだ手取峡谷の川床

夏は緑・茶・青のコントラストが美しい峡谷も、冬はモノトーンの世界に

北陸三県を走り抜ける 521 系電車

あいの風とやま鉄道　　　　　ＩＲいしかわ鉄道　　　　　ハピラインふくい

　あいの風とやま鉄道、ＩＲいしかわ鉄道、ハピラインふくいの主力車両として運用されているのが、交直流近郊電車「521 系」である。JR 時代の 2006 年から北陸エリアへの投入が始まり、国鉄時代から運行され老朽化していた車両を順次置き換えていった。2 両編成で運用可能でワンマン運転にも対応、積雪期のドア扱いはそれまでの手動から半自動になり、窓からすきま風が吹き込むこともなくなった。ステンレス車体にブルーとホワイトのラインが入った列車は、北陸三県の人たちにはすっかりお馴染みとなったが、北陸新幹線の開業で各社へ譲渡され、それぞれの会社のカラーリングへと変更された。

　あいの風とやま鉄道では JR から引き継いだ 413 系の置き換え用として、それまでと前面デザインが大きく変わり、種別・行先表示が LED 化された、521 系 1000 番台を自社発注し運用している。また ＩＲいしかわ鉄道では、七尾線乗り入れ用の 521 系 100 番台を自社発注。車内には交通系 IC カードの車載型改札機が設置され、輪島塗の漆をイメージした茜色の帯が目を引く。

あいの風とやま鉄道へ譲渡された編成

あいの風とやま鉄道が自社発注した 1000 番台

ＩＲいしかわ鉄道へ譲渡された編成

JR 七尾線へ乗り入れるＩＲいしかわ鉄道の 100 番台

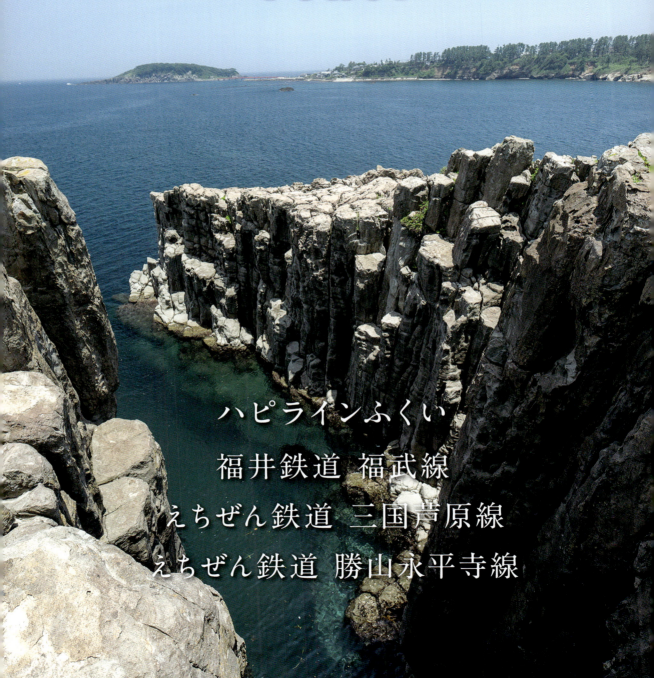

福井県
FUKUI

ハピラインふくい
福井鉄道 福武線
えちぜん鉄道 三国芦原線
えちぜん鉄道 勝山永平寺線

連作短編小説|

ローカル線と、季節を越える

著 上田聡子

福井篇── 2024 年 春

　東京の桜が散り終えた 4 月初旬、私は寝込んでしまった。石川県七尾市に住む祖父から「水道が復旧したから、避難所から戻ったよ」と連絡があり、緊張の糸が切れたのだった。検温したら 37 度 3 分で、布団を鼻先までかぶり直す。視線を横にやったら、慶悟が買ってきてくれたヨーグルトのパックが目に入った。

　今年の 1 月 1 日、祖父母の住む能登が大震災に見舞われた。両親とお正月をすごしていた金沢でも大きく揺れた。発災後すぐに祖父母の無事は確かめられたが、東京の学生生活に戻ったあとも、ずっと心配していた。

　そして地震をきっかけに、就活に躍起になっていた慶悟の態度が変化した。私が心に負担を抱えたまま、学業に励みバイトに行っているのを見て、彼は私のアパートにたびたび現れるようになった。たわいない話につきあってもらったり、コンビニごはんを分け合って食べたりしたことで、私はまた、慶悟に心を許せるようになってきた。

　しかしその一方で、家族のいる北陸に強く心を引っ張られてしまう。

　外で電話をしていた慶悟が戻ってきて、私の顔を覗き込む。軽く咳き込みながら伝える。

「忙しいんでしょ。私は大丈夫だから、帰っていいよ。やることもあるでしょ」

「いや、今日は別に。もう少しいられるよ」

　複雑な思いに駆られる。私は慶悟に、この先のことをまだ何も伝えられていない。決めたはずの「故郷に帰る」決意が、へたってしまいそうになる。私、まだ、この人と別れ難いんだ。

　私と慶悟は、到着した福井駅西口恐竜広場で、そびえる恐竜像たちに歓声を上げた。持ち越されていた福井への旅行に、いま来ている。幼稚園時代からの恐竜オタクである彼たっての希望で、行先はすぐに決まった。4 月中旬の陽ざしが、うらうらと暖かい。

「すっごいな、どいつもこいつも本物みたいだ」

　慶悟がはしゃいだ。心にきざした感傷を振り払うようにして、私は彼の袖を引いた。

「さ、まずは腹ごしらえからね」

　福井駅構内の和食処に入り、慶悟がソースカツ丼、私が越前おろしそばを頼んだ。ぴりっと辛いおろしが、香り高いそばにぴったりだ。慶悟も「甘辛いソースがしみたカツが旨すぎる」とごはんをかきこんでいる。

「今日はえちぜん鉄道で勝山の恐竜博物館まで行って、夜は三国で泊まる予定だね、終点から終点への旅だから、咲苗はしんどいかな」

「大丈夫だよ、三国に行きたいって言ったのは私だし」

　三国町は、福井県坂井市にある歴史ある湊町だ。サスペンスドラマにも出てくる東尋坊が有名だけど、家族から「海が本当にきれいなんやよ」と聞いてから、一度行ってみたかった。

「恐竜博物館のあと、ハピラインで鯖江まで行って、眼鏡も見たい」

　今年の 3 月 16 日、北陸新幹線・福井〜敦賀間が開業となった。東京からは行きにくかった福井が、今やとても身近になった。福井駅からの主要な観光地へのアクセスは、第三セクターのえちぜん鉄道や JR 西日本から北陸本線の運行を移管されたハピラインふくいが担う。

　勝山へと向かうえちぜん鉄道は白地に青と黄色のカラーで彩られ、また鯖江へと向かうハピラインふくいの車体は、鮮やかなピンクと黄緑の 2 本線、そして同 2 色の花びらのような文様でデザインされている。どちらも乗るときに外装を見て、とても愛らしいと感じた。

　恐竜博物館と、めがねミュージアムで一日楽しんだあと、福井駅に戻り今度はえちぜん鉄道三国芦原線で三国へ。ホテルに着いた頃には、すっかり暗くなっていた。

「あーあ、1 泊 2 日は短いな。あっという間に帰らなきゃだ。あ、でも俺は東京戻るけど、咲苗はこのあと金沢のご実家寄って行くんだったよな」

「そうだよ、ごめんね」

　今回一緒に東京に帰らないのには、理由があった。それはこの旅行のどこかで、彼に別れを告げると決めていたから。

　慶悟のことが嫌いになったわけではない。でも、自分のこれからを考えたときに浮かび上がるのは、再発見した故郷の風景だった。この北陸の土地との繋がりを、断ち切ることはできない。

　そしてその思いを、能登半島地震が後押しすることになったのだ。

　ホテルのレストランで食事をしながら、話をどう切り出したものか迷っていた。できれば先のばしにしていたい。ずるくなって、ぎりぎりまで言わずにいたい。

「魚介も、野菜も、どれも美味しいなあ。グリルにすると、こんなに味がひきたつって知らなかったよ」

　スナップえんどうをフォークに突き刺して、こちらに穏やかな笑顔を向ける慶悟を見て、胸が痛んだ。

「甘エビのカクテルも、すごく濃厚だよね」

　つい話を合わせてしまう。結局、その日の晩は食事のあと部屋に戻ると、慶悟はベッドに体を投げ出してすぐに寝入ってしまった。

　2週間前、慶悟は東京に本社がある本命企業から内定をもらった。東京に残ってやりたいことをやれて嬉しいと笑いながらも、これで残りの学生生活、安心してバイトに励める、とも言っていた。社会人になる前に、奨学金の返済のためのお金をなるべく貯めておきたいのだと。それで、今回の旅行直前まで彼はシフトを詰め込んでいた。

（働きづめで、疲れてるんだぁ）

　ベッドのはじに腰かけ、短い髪の生え際をそっとさわる。小さな声で「ごめんね」とつぶやいた。

　私はひと晩、眠ることができないままに朝を迎えた。隣のベッドの慶悟が起きだしたのを見て、ゆっくり身を起こす。睡眠不足で頭が重い。

「朝か。近所に、散歩でも行かない?」

　慶悟の提案で、ホテルからほど近い、三国汐見公園へと歩いて出た。三国町にあるこの公園は、竹田川に架かる港橋と九頭竜川に架かる新保橋との接続点にある。とたん、設置してあるスピーカーから、懐かしさを感じる音楽が流れてきた。

　慶悟がスマホを検索して、笑みをこぼす。

「防災無線だね。この曲は『しあわせの花』っていうみたいだよ」

　河岸に寄せて停泊している船のそばで、雄大な河口の景色を見つめながら、慶悟がつぶやいた。鼻筋の通った慶悟の横顔。初めて会ったときよりも、少し痩せた。とたん、わかった。いま言わなきゃならない。でなきゃ、ずっと言い出せない。

「ずっと、考えていたんだけど」

とたん、慶悟の真剣なまなざしに射すくめられた。

「卒業したら、金沢に帰ろうと思うんだ。——だから、慶悟とはこの先、一緒にいられない」

　どうしても目線を上げられない。

「知ってたよ。——咲苗が、ずっと悩んでいたこと」

　静かな返答にはっとした。普段の早口から考えられないくらいに、彼はひとことひとこと、言葉を紡ぐ。

「待たなきゃ、って思ってた。去年の——そうだなあ、咲苗が秋ごろからなんか言いたそうにしてて、でもいつも途中で口をつぐんで。でも、咲苗が答えを出すまでは、俺はとやかく言いたくなかった。言えないと思った」

　気づかれていたんだ、と顔を上げたら、慶悟が困ったように笑った。

「選んだんだね。地元に帰る、って」

「うん。——本当に、ごめんなさ」

「謝るな」

　思いがけない言葉にとまどうと、慶悟はふいに聞いてきた。

「俺が、咲苗のどこが一番好きだか知ってる?」

歯の浮くせりふに、思わず「え」「え」とわたわたしてしまう。彼は「あててみな」と瞳に茶目っ気をにじませる。
「のんびりしてるところ?」
「違います」
「えー、思いつかないよ」
「正解はっ」と言ってから彼は三秒ほどもったいぶる。
「俺は、咲苗の周りに流されないとこが好きだ」
　涙がするするとあふれてくる。この人は、ちゃんと私を見てくれていたんだ。
「自分が納得するまで考えるところ。それでいて、自分じゃなくて相手を大切にするところ。俺にはないところがたくさんあって、そういうところ、本当にいいなって思ってる」
　慶悟は続けた。
「俺が平気だなんて思うなよ。正直すごく堪えてる。平気なんかじゃないけど、咲苗が決めたことだから、その思いは、大事にする」
　告げられた語尾は、震えていた。私は何も言えなくて、朝日に光る水面をただ見ていた。

　チェックアウトを済ませて向かった三国港駅では、桜が満開だった。ここでの春は、まだ終わっていない。
「あ、来たみたい」
　えちぜん鉄道三国芦原線の小さな電車が、遠くに現れた。2人で福井駅に戻ったあと、慶悟は関西方面にこのあと1人で行くと言った。彼は東京に戻る予定を変更し、金沢に戻る私と、反対路線に乗り旅を続けるという。彼の気持ちを慮り「わかった」と顔を上げた。
「私、ずっと覚えてるから。慶悟のこと好きな気持ちも、教えてくれた歌の名前も、いま一緒に見てる桜も。この思いをぜんぶ連れたまま、次の場所でもがんばる。——だから」
　最後まで言わないうちに、慶悟が私を遠慮がちに抱き寄せた。ひとつになった私たちの影の上に、花びらがはらはら、踊るように舞い降りていった。

福井県の嶺北地方を貫く路線は、他の二県と比べても、
生活を身近に感じられる市街地を走る時間が長い。
車の往来を横目に街を過ぎると、長大トンネルを抜け、
嶺南地方の中心地・敦賀へと南下していく。

社名：株式会社ハピラインふくい
開業：2024年3月16日
本社：福井県福井市大手2丁目4番13号
営業キロ：84.3km
駅数：18駅（大聖寺駅をのぞく）

日野川に沿って走る、シルバーの車体にピンクのラインが映えるハピラインふくいの車両

ハピラインふくい

北鯖江から鯖江に向かう間、福井を代表する繊維企業の工場そばを通り過ぎる

　福井県は、北陸三県の中で最も南に位置し、人口は最も少ない県だ。北陸新幹線の福井県への延伸は、富山県と石川県の開業から9年越しとなり、そのタイミングでJR西日本が運行してきた北陸本線県内区間がハピラインふくいへ経営移管された。福井県は京都府、滋賀県、岐阜県とも接しているため、関西や中京圏との往来が盛んだった。ハピラインふくい開業後も、敦賀駅からは湖西線経由のJR新快速が遠く兵庫県の姫路方面まで、移管前と変わらず運行されている。

　福井県には地域鉄道会社として、すでにえちぜん鉄道と福井鉄道があり、それぞれ個性豊かな車両デザインや独自のサービスを行いながらファンを増やしている。ハピラインふくいは、県内3つ目の地域鉄道として、その仲間入りを果たしたことになる。ハピラインふくいはメインカラーにピンク色を取り入れ、緑の多い沿線風景の中で存在感を放っている。

福井駅構内は新幹線開業に合わせ一新された

ホーム階段下では恐竜のブロンズ像がお出迎え

ハピラインふくい 路線図

北陸本線時代の高規格な設備を引き継いだ

ＩＲいしかわ鉄道の車両も数多く乗り入れる

　ハピラインの「ハピ」は、「ハピネス（しあわせ）」に由来しており、福井県の「福」を表し、県民にも親しまれている言葉だ。2024年3月の開業以降、福井県民に愛される足となるよう、ピンクとグリーンを基調にした車両や駅名標、制服などで積極的にアピールしている。

　ハピラインふくいの路線は、福井市を中心とする福井県の嶺北地方を走り、沿線の主要な街に駅が置かれているため、通勤通学時間帯には多くの人々が利用している。JRから引き継いだ車両は開業後から順にラッピング施工しているため、車両数が限られ、開業を祝う記念乗車やラッシュ時の混雑などが、普段混雑に慣れていない利用者を驚かせているという。こうした課題も開業後しばらくして落ち着き、今後は先輩の地域鉄道との連携や、各駅の機能充実などが期待される。

ハピラインふくい

駅のメインサインはJRの最終便運行後、ハピラインふくいのロゴマークに速やかに切り替えられた

2024年3月16日の午前4時、大聖寺駅〜敦賀駅間がJR西日本からハピラインふくいへと移管された。構内の運賃表や路線図、ホームの表示、そして福井駅の看板が次々と新しく模様がえされた。合わせて、ハピラインふくいの真新しい制服もデビュー。北陸本線の最終列車から約6時間後には、北陸新幹線の第一便が敦賀駅を発車し、開業に沸く福井駅は中も外も多くの人でにぎわった。

北陸新幹線開業は、ハピラインふくいのスタートでもある。ハピラインふくいを選んで就職した社員たちは、「自分たちで作り上げる新しい会社」という志が強く、高校を卒業したばかりの10代も含む若い世代が積極的に採用されている。乗客の大切な命を預かる仕事は緊張することも多いが、長年の経験を持つJRからの出向社員が指導やサポートを担当し、協力しながら安全な運行を続けている。

福井駅西口の「恐竜広場」では等身大の動く恐竜が吠える

ハピラインふくいの新しいスタートに気を引き締める

細心の注意を払いながら人々を目的地へ届ける。
新しい門出と共に、これまで通りの安全を。

福井駅の高架ホームに停車する、ピンクとグリーンの配色が鮮やかな521系

デザインや個性は違っても
北陸三県で安全への思いは変わらない

あいの風とやま鉄道、IRいしかわ鉄道と同じ521系だが、配色の違いでイメージは大きく変わることを実感する

ハピラインふくい

天候に関わらず屋外での検修作業となる。いずれは屋根のある車庫の設置も検討中

　ハピラインふくいの車両は、北陸本線で運用されていた521系で、あいの風とやま鉄道、IRいしかわ鉄道と同じ交直流電車。車体デザインは、ピンク地にグリーンのラインの車両と、シルバー地にピンクとグリーンのラインが入る2種類だ。それぞれにロゴマークで使用されている菱形模様が、花びらのようにリズミカルに散らされ、これまでに比べてポップな見た目に様変わりした。

　ほとんどの社員はハピラインふくいの開業前に入社し、JR西日本に出向する形で現場での経験と知識を得て、現在の業務に当たっている。車両管理センターで構内管理を担当する検修員は構内の列車を采配したり、各車両の点検・修理、トラブル対応などの担当を割り振る。他社の同系統の車両でトラブルなどが起こった場合は、その情報を連携して共有し、自社の車両点検にも活かしているという。相互に乗り入れる関係だからこそ、地域を超えた連携は必須だ。

車両管理センターの真横を北陸新幹線が通過する

作業の安全性を高めるライムグリーンの作業服

ハピラインふくい

芦原温泉駅
Awaraonsen

JR時代の面影を残しながらも、新しい駅名標が新会社誕生を感じさせる

　福井県の最北端・あわら市には、140年余りの歴史を持つ「芦原温泉」がある。74の源泉を持つ温泉郷は「関西の奥座敷」とも呼ばれ、県内外から多くの観光客が訪れるエリアだ。

　北陸新幹線の開業に合わせ、橋上駅舎に隣接して北陸新幹線の高架駅が建設された。西口にはイベントなどが開催できる屋根付き広場やホールを備えた「AFLARE（アフレア）」が設けられた。観光案内所や、福井県の名産を味わえ地元の土産品が気軽に購入できる「いろはゆAWARA」などもあり、開放感のある空間を地元の利用者や観光客が行き交う一大ターミナルとなった。

　駅前には、周辺のにぎわいづくりや地域活性化を図る拠点として「金津本陣にぎわい広場」と「aキューブ」があり、カフェや屋外イベントのできるスペースなどが並ぶ。少し離れたところにある温泉街への行き帰りも、ただ通過するだけではなく、駅周辺での散策を楽しむことができそうだ。

イベントスペースや飲食店、土産物屋などを備えた複合商業施設

ハピラインふくいのホームは2面3線

鯖江駅
Sabae

旧国鉄時代から大切に使われてきた駅舎

　鯖江市は、繊維や漆器のまちとして知られ、眼鏡は全国シェアの約9割を占める代表的な産業だ。眼鏡は分業工程となっているため市内には関連企業が多く、各社へアクセスするビジネス利用も多い。

　また福井市の南隣にあるため、同市への通勤や通学で利用する市民も多く、様々な世代が駅に集まる。ハピラインふくいへの移管でJR時代の定期券からの変更が必要となり、駅の業務はてんてこ舞いだったというから、それだけ日々の足として利用している市民の多さを物語る。近隣には、花の名所や動物園がある「西山公園」や、「めがねミュージアム」などの観光施設があり、駅前のホテルなどを拠点にする旅行客も多い。

　鯖江駅前にはコンビニなどの商業施設が少なく、2階の「えきライブラリー tetote」はランチや休憩所として使いやすい貴重なカフェスペースだ。鯖江市図書館の蔵書が約900冊あり、電車の時間待ちにもちょうど良い。

日本有数の産地を目掛けて訪れるメガネ好きもいるという

駅舎2階にはライブラリーカフェがある

ハピラインふくい

地域の人々に寄り添える仕事にやりがいを感じる

レッサーパンダで有名な西山動物園にちなんだ乗車位置サイン

サンドーム福井での大規模イベント開催時には、ホームは人でごった返す

　鯖江駅の南、徒歩20分のところに大型イベントホールを備えた「サンドーム福井」があり、有名アーティストのコンサートなどが開かれる度に、県内外の多くのお客様が鯖江駅を利用する。国道8号線の渋滞でバスが遅れたり、乗車待ちの利用客が溢れたりしてしまうため、ハピラインふくいではサンドーム福井のイベントカレンダーを社員間で共有し、他駅からのスタッフ応援や臨時便運行などの対応を行っている。

　ハピラインふくいの新しいラッピング車両は、目を引くデザインで子どもたちからも注目されることが多くなった。小さな子どもが電車を見るために駅を訪れることもあるという。SNSでも車両写真の投稿が増え、日常風景の一部としてハピラインふくいが切り取られるようになってきた。今は経験の浅い若いプロパー社員が中心となっているが、様々な知識を取り入れながら、頼られる存在になっていくだろう。

福井県は北と南で「嶺北」と「嶺南」という名で分けられているが、その境目となるのが南越前町と敦賀市にまたがる「木ノ芽峠」である。古くから交通の難所として知られ、1896年に「杉津線」として開通した同区間では、急勾配を13基のトンネルやスイッチバックによって往来していた。

　しかし戦後、輸送力増強やスピードアップのため、1957年に木ノ芽峠を一本のトンネルで貫く工事が始まる。5年にも及ぶ難工事の末、ようやく1962年に開通したトンネルは「北陸トンネル」（13870m）と呼ばれ、現在でも新幹線を除いて日本で最も長い鉄道トンネルである。

　開通後は関西地方と北陸を結ぶ大動脈として、多くの列車がこのトンネルを往復したが、1972年にはトンネル内で急行「きたぐに」の食堂車から出火する火災事故が発生。トンネル内に停止した列車で煙に巻かれた乗客乗員に多くの犠牲が出たことで、車両やトンネルの安全基準が見直されるきっかけとなった。

　北陸トンネル開通後廃線となった区間は、「旧北陸線トンネル群」として国の登録有形文化財に指定されている。車や徒歩での通行が可能で、その歴史を肌で感じられる。また、北陸自動車道の杉津PA（上り）では、旧北陸線の駅跡を伝える案内板、日本海の夕日を眺められる。北陸新幹線の延伸開業区間には「新北陸トンネル」が開通し、さらに移動時間が短縮。携帯電話の電波が通じなかった北陸トンネルでも電波遮へい対策事業の準備を開始するなど、より安全で快適な路線を目指した努力が続いている。

峠を越えるために使われたスイッチバック用のトンネル

旧北陸トンネル群の一部は住民の生活道になっている

北陸トンネル敦賀側にはトンネル火災事故の慰霊碑がある

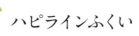
ハピラインふくい

ハピラインふくいでは交通系ICカードが利用可能

福井〜武生間では日中も30分ヘッドで運行されている

　ハピラインふくいでは、開業に合わせ細やかなサービスの向上を図っている。経営移管後も交通系ICカードが利用可能で、駅でも同線から利用可能なエリアを示すなど、スムーズな乗車を促している。また鯖江駅と武生駅ではこれまで通りJRのきっぷも購入できる。公式ホームページには運行状況がリアルタイムにわかる「ハピラインNAVI」が設けられ、遅延や運休についても即時に情報を取得でき安心だ。

　駅周辺地域における大型イベント開催時には、こまめな臨時列車の増便などで柔軟に対応し、鉄道の輸送力を活かした周辺道路の混雑緩和や、参加者の利便性向上などへできる限りの配慮がなされている。また沿線自治体との連携で、適切なタイミングで情報を収集する努力がなされている。

　日中概ね毎時一定時刻に駅を発着する「パターンダイヤ」の導入、快速列車の運行など、様々な角度から利便性を高める工夫を積極的に行っている。

JR時代のみどりの窓口は、今はきっぷうりばとして活用

福井駅を境に運行が分けられ、増便が図られている

　スタートしたばかりのハピラインふくいでは、列車のワンマン運転定着、JR時代から使用している施設の有効活用など、ランニングコストの節減にも尽力している。一方で通勤・通学時間帯の増便や、利用者が見込める地域への新駅設置なども進めており、現在は武生駅と王子保駅の間で新駅「しきぶ駅」の設置工事が行われている。新駅は高校や「紫式部公園」にも近く、市民のコミュニティ拠点となる駅を目指しており、周辺地域との密接な連携が期待される。

　鉄道のファンづくりでは、会員特典を設けたファンクラブの開設や、地元産品などともコラボしたオリジナルグッズの販売などによって、「街のアイコン」としてのハピラインふくいの認知度を高める努力を行っている。また、資材の共同調達や保守機器等の共同利用など、県内で運行するえちぜん鉄道、福井鉄道との連携も盛んに行うなど、県民に親しまれる鉄道への歩みは続いている。

北陸三県　取材点描

福井鉄道とその沿線

社名：福井鉄道株式会社
設立：1945年8月1日
本社：福井県越前市北府2丁目5番20号
営業キロ：21.4km

福井駅電停で発車を待つ880形

福井市から鯖江市を経て、越前市のたけふ新駅まで、福井県でも人口が集中するエリアをまたぐ福武線を運行。多くの市民の足となってきた。利用者増をはかり安全対策を強化するため、2009年に国土交通省から全国初となる鉄道事業再構築実施計画の認定を受け、翌年には沿線住民によって支援団体が結成。新駅開業など積極的な利用促進に取り組んでいる。

ハピラインふくい、北陸新幹線の高架橋が望める西山公園

桜満開の西山公園そばを走り抜ける880形

福井鉄道福武線

春は桜とツツジ、秋は紅葉が楽しめ、年間を通じて様々なイベントが開催される西山公園は鯖江市民の憩いの場だ。

春が似合うF1000形「FUKURAM（フクラム）」第3編成

2013年に国登録有形文化財となった北府駅の本屋

ファン垂涎の博物館。福井鉄道のあゆみを知ることができる

鉄道ミュージアムの場内案内

国登録有形文化財の車両工場

「FUKURAM（フクラム）」第4編成

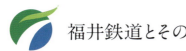
福井鉄道とその沿線

改札口の小壁に穿たれた横長窓が特徴的な北府駅に入線した880形

近未来的なフォルムのF2000形「FUKURAM LINER」

クラウドファンディングも活用し修復保存された200形電車

車両工場があるので様々な形式の車両を見られる

　越前市にある北府駅は、「北府駅鉄道ミュージアム」として整備され、本屋（国登録有形文化財）に併設された福井鉄道の歴史に触れられる博物館、福武線で長年愛された200形電車の上屋付き展示場などがある人気スポットだ。

福井鉄道福武線

名古屋鉄道（名鉄）から移籍し、今も活躍中の880形

「FUKURAM（フクラム）」第1編成、暖かみある塗色が特徴

かつての出札窓口、無人化されたが整備が行き届いている

フェニックス通りから田原町駅へと入る770形

福井鉄道・えちぜん鉄道相互乗り入れについて

田原町駅に並ぶ福井鉄道880形と、えちぜん鉄道L形「ki-bo」。ヨーロッパの都市交通を思わせる

　2016年3月に、福井鉄道福武線とえちぜん鉄道三国芦原線は相互乗り入れを開始した。相互乗り入れとは、異なる鉄道会社の路線にそれぞれの車両が乗り入れること。福武線のたけふ新駅（2023年に越前武生駅より改称）から田原町駅を経て、三国芦原線・鷲塚針原駅までの区間を「フェニックス田原町ライン」と称し、県内の南北にわたる26.9kmを乗り換えなしで移動できるようになった。

　二社の相互乗り入れの特徴は、鉄道線に加えて併用軌道も走るということ。超低床車両のF1000形「FUKURAM（フクラム）」（福井鉄道）とL形「ki-bo（キーボ）」（えちぜん鉄道）に合わせ、駅への低床ホーム新設などバリアフリー化が進み、車椅子やベビーカーなどでも利用しやすくなった。

　乗り換えが不要になったことで利便性が増し、乗り入れ開始1年目にして乗客は前年より約10万人増加、最も増えたのが通学利用だった。福井鉄道

田原町駅の高床ホームへ入線したえちぜん鉄道6101形

隣の低床ホームへ入線する「FUKURAM（フクラム）」第2編成

たけふ新駅方面へ出発していく福井鉄道880形

吹き出し形の駅名標やサインがユニーク

1番線は福井鉄道、3番線はえちぜん鉄道専用乗り場

愛らしいフォルムのえちぜん鉄道L形「ki-bo（キーボ）」

の仁愛女子高校駅～えちぜん鉄道の福大前西福井駅は、田原町駅を挟んで高校・大学が集積し、周辺地域から通学する学生にとって最寄り駅から直通できるメリットは大きい。また沿線に立地する病院やショッピングセンターなどへ鉄道を使って訪れてもらうため、運行頻度を高めたり、鉄道に接続するフィーダーバスの運行、二社間連絡運賃の割引などの努力で、連携して利用拡大を図っている。

乗り入れの効果は利用増に加え、二社の運転士や車掌同士の情報交換にも役立っている。同じ福井の街を走る鉄道会社として、共通の環境である冬の雪害や交通状況の情報共有は、日々の安全運行にもつながる。

二社の連携は乗り入れにとどまらず、共通1日フリーきっぷの販売やイベント開催などでも協力することで、地域への発信やファンづくりで相乗効果を生んでいる。福井のシンボルであるフェニックスの名の通り、何度でも困難を乗り越える強くたくましい路線に育つことを期待したい。

えちぜん鉄道とその沿線

社名：えちぜん鉄道株式会社
設立：2002年9月17日
本社：福井県福井市松本上町15-3-1
営業キロ：53.0km

三国港駅に停車中のMC6101形。夏空の下で白とブルーの車体が映える。

　えちぜん鉄道は、ハピラインふくい・福井鉄道・北陸新幹線と接続する福井駅を起点に、東に伸びる勝山永平寺線（27.8km）と、福井口駅から北西へと向かう三国芦原線（25.2km）の2つの路線を持つ。約半数の駅は無人駅だが、アテンダントが乗車し、切符の販売や乗り換え案内などを行い、利用者の利便性向上に努める。

鷲塚針原駅の本屋は国登録有形文化財

　たけふ新駅からやってきた福井鉄道福武線からの直通列車は、日中に鷲塚針原（わしづかはりばら）駅まで乗り入れ、専用低床ホームが設けられている。三国芦原線の車両は駅舎側の島式ホームに発着、様々な車両を見ることができる。

鷲塚針原駅で肩を並べる、MC6101形と福井鉄道F1000形「FUKURAM」

えちぜん鉄道三国芦原線

あわら湯のまち駅からは、北陸新幹線・芦原温泉駅
や東尋坊などへのアクセスも可能

温泉街にほど近く、玄関口として古くから栄えてきた、あわら湯のまち駅。観光案内所やレンタサイクルなどが設置され、駅前には足湯や公衆浴場もある。鉄道を利用して身軽に温泉街を訪ねることができる。

三国港駅を出発する福井行きのMC7000形、元はJR東海・飯田線で使われていた119系

えちぜん鉄道とその沿線

国登録有形文化財の眼鏡橋

三国港駅は三国芦原線の終着駅。2010年に旧駅舎の木枠などを再利用して、1913年の開業当時の雰囲気が再現された。目の前には漁港の風景が広がっている。

駅舎のすぐ横にホームがあり、列車へのアクセスは良好

日中は福井行きが1時間あたり2本運行されている

えちぜん鉄道三国芦原線

「三国湊(みくにみなと)」と呼ばれる情緒ある町並みが残るエリア、観光地としても定着してきている

　福井市中心市街地から北上し、坂井平野を抜けて日本海へと向かうのが三国芦原線だ。住宅地として人気の高い坂井市春江地域、「関西の奥座敷」とも呼ばれるあわら市の芦原温泉、さらに坂井市三国地域へと走る。三国駅〜三国港駅にかけてのエリアは、江戸時代に北前船の寄港地として栄え、「越前がに」「ふくい甘えび」など旬の海鮮を味わえる。各駅周辺の飲食店や販売店に立ち寄るのも良いだろう。

「三国祭」の山車の蔵や、古民家を改装したジェラート店などが集まる

妻入の前面に平入りの表屋を付けた、特徴的な「かぐら建て」の町家が建ち並ぶ

えちぜん鉄道とその沿線

雪が降り続く光明寺駅〜轟駅間を走るMC7000形。沿線は福井県内屈指の豪雪地帯として知られる

　えちぜん鉄道の福井駅周辺では2012年から高架化工事が進められ、2015年に開業前の北陸新幹線高架部の福井駅部を利用して一部高架運行を開始。これにより市街地の踏切が撤去され、交通渋滞が緩和されることとなった。その後2018年に新しい高架駅舎が完成、県産杉材をふんだんに活用したデザインに加え、褐色でガラス張りの駅舎は街の新たなランドマークとして注目を集めている。

ガラス張りの高架駅のえちぜん鉄道・福井駅

福井駅構内は県産の杉材で温かみを感じられ、カフェも営業中

えちぜん鉄道勝山永平寺線

こぢんまりとかわいらしい松岡駅の出札窓口

永平寺町にある松岡駅は、国登録有形文化財の本屋が今も大切に使われ、駅員も常駐している。

駅周辺は寺院や神社、永平寺町役場などがある

広い構内にかつて永平寺まで続いていた鉄路の面影を見ることができる

映画のロケ地にもなった旧駅舎は現在地域交流館として活用されている

永平寺口駅は、京福電気鉄道時代には「東古市駅」と呼ばれ、2002年までは永平寺駅までの永平寺線が分岐していた。

えちぜん鉄道とその沿線

勝山駅に停車中のMC6101形の前面にはびっしりと雪がつき、冬場の厳しい運行環境が垣間見える

勝山駅は国登録有形文化財の駅舎を改修、「恐竜のまち」の玄関口としての役割を果たす

　海外からも多くの参拝客が訪れる曹洞宗の大本山永平寺、全国屈指の規模を誇る「福井県立恐竜博物館」などが沿線にある勝山永平寺線は、海に向かう芦原三国線とは逆に、東側の山地へと伸びる路線だ。県内でも積雪の多い地域であるため、冬になれば雪に覆われた真っ白な車窓を楽しむことができる。また永平寺町には福井県立大学や福井大学松岡キャンパスがあり、大学生の利用も多いエリアだ。

えちぜん鉄道勝山永平寺線

勝山駅前の広場には、1920年に製造された日本最古の動態保存電気機関車・テキ6が大切に保管され、行き交う列車を見守っている。

京福電気鉄道時代から走り続ける唯一の車両・MC5001

富山県のアニメーション制作会社・ピーエーワークスの作品に登場する鉄道

福井県が舞台モデル

2014年にテレビ放送されたオリジナル作品。主人公の女子高生が、高校生活最後の夏休みに現れた「自分には未来の声が聴こえる」という転校生の少年と出会う、幻想的とも言える作品の舞台モデルとなったのは、江戸時代に北前船交易で栄えた、福井県坂井市三国地域である。第1話冒頭の花火大会のシーンで、えちぜん鉄道三国芦原線の終着駅・三国港駅が、「日乃出浜港駅」として登場。その後も頻繁に登場する、愛知環状鉄道から譲渡された片運転台電車、MC6001形・6101形の緻密な描写は、北陸所在のピーエーワークスならではの丹念な取材を伺わせる。

同線の車両と共に、三国港駅そばの登録有形文化財・眼鏡橋も、劇中で「日乃出橋」として頻繁に登場する。キャラクター同士の重要なやりとりが交わされ、物語のキーポイントになっているこの橋は、1913年に完成した、スパンドレルと覆工側壁を石積とした煉瓦造の単アーチ橋。かつて国鉄三国線として延伸開業した三国〜三国港駅間の周辺に残るレトロな街並みも登場し、男女6人の高校生たちの青春ストーリーを美しく彩っている。北陸新幹線が延伸開業した福井駅からは、えちぜん鉄道を使って約50分で訪れることができ、日本海側の歴史と文化を気軽に味わうことができる場所である。

Blu-ray コンパクトコレクション 販売中
各配信サイトにて全13話見放題配信中

ガラス工房を営む一家の娘・深水透子は、友人の家にあるカフェ「カゼミチ」を友人たちとの憩いの場所にしている。高校3年の夏休み、彼女たちの前に現れた転校生の少年・沖倉駆は、透子に、自分には未来の声が聴こえると語りかける。もし、あらかじめ未来を知ることができるのなら、自分は何を望むのだろう？ 感じたことのない動揺を覚えながらも、透子は胸の中に、放っておけない感情が生まれていることに気が付く…。

原作：カゼミチ
監督：西村純二
副監督：安斎剛文
シリーズ構成：佐藤梨香・西村ジュンジ
キャラクターデザイン・総作画監督：竹下美紀
美術監督：本田敏恵
撮影監督：並木智
3D監督：春田幸祐
色彩設計：中野尚美
編集：高橋歩
音響監督：辻谷耕史
音楽：松田彬人
オープニング主題歌：「夏の日と君の声」ChouCho
エンディング主題歌：「透明な世界」nano.RIPE
音楽制作：ランティス
プロデュース：インフィニット
アニメーション制作：P.A.WORKS

能登半島
NOTO

のと鉄道 七尾線

のと鉄道

七尾〜穴水

石川県能登半島の七尾湾沿いを走る「のと鉄道」は、入り組んだ沿岸をうねるように進む。里山と里海、そして人々の暮らしの間をゆっくりと縫っていく。

社名：のと鉄道株式会社
開業：1988年3月25日
本社：石川県鳳珠郡穴水町字大町チ24番地2
営業キロ：33.1km（第2種鉄道事業）
駅数：8駅

七尾市深浦、中島漁港そばの山沿いを走るのと鉄道の列車

のと鉄道

さまざまなラッピング車両が並ぶ穴水駅構内

　能登半島は本州から日本海へキリンの首のように突き出た形をしている。のと鉄道七尾線は、「内浦」と呼ばれる富山湾沿いの半島東側に沿って敷かれた路線だ。半島の先端の珠洲市および能登町、そして内浦とは反対側の日本海に面した「外浦」と呼ばれる地域の人々は、鉄道に乗るためには穴水駅までバスなどで出向く必要がある。また、穴水駅から北へ車で15分ほどにある能登空港が、空の玄関口として機能している。

　のと鉄道は、第三セクターの鉄道会社として、1988年に穴水駅から珠洲市の蛸島駅までを結ぶJR能登線の運行を引き継いだ。その後、1991年にJR七尾線の七尾駅〜穴水駅〜輪島駅の運行もJRから引き継いだ。しかし、沿線の過疎化、自家用車や高速バスとの競争の中で利用客が減少。2001年に穴水駅〜輪島駅間が廃止となり、2005年には穴水駅から蛸島駅までの能登線全線が廃止された。

　現在、のと鉄道は七尾駅〜穴水駅間の33.1kmで運行を続けている。内浦沿岸は、穏やかな海の風景

穴水駅は北鉄奥能登バスの発着拠点になっている

七尾湾越しの列車は海の上を走るよう

のと鉄道 路線図

山間部を走る区間は勾配が急なところもある

穴水駅構内に留置され活用される「のと恋路号」

が続き、田園風景の間に、独特のツヤのある黒瓦が葺かれた屋根を持つ家屋が連なって見えてくる。海に向かって、肩を寄せ合いながら日々を営んでいるようだ。

沿線の過疎化は進行しているが、のと鉄道を利用して通学する沿線住民も多い。バスよりも多くの乗客を運ぶことができ、定時運行性に優れた鉄道の利点を活かし、雨の日も雪の日も、多くの学生たちの通学を支えてきた。

終点の穴水駅から北の地域は「奥能登」と呼ばれる。朝市や輪島塗で知られる輪島市、1300年前から受け継がれてきた揚げ浜式製塩の伝統がある珠洲市、小木漁港の船凍イカや九十九湾など自然の豊かな恵みがある能登町など、観光客にも人気のエリアだ。のと鉄道は、日常生活にも観光にも、どちらにも必要不可欠な足なのだ。

のと鉄道

春を迎える若者たちのため何としても復旧させる、
その強い願いを多くの人たちが後押しした。

のと鉄道常務取締役 兼 鉄道部長
小林　栄一 氏　インタビュー

地震による揺れでホームが波打ってしまった穴水駅。こうした被害が広範囲で見られる

　2024年1月1日16時6分。元日の団欒を過ごす能登半島を、最大震度5強の地震が突如襲った。その4分後、志賀町等で最大震度7を観測するマグニチュード7.6の激しい揺れが発生。沿岸部は津波に襲われ、外浦では最大4mもの海岸隆起が確認された。その後も大きな余震が続き、建物倒壊や土砂災害、津波による人的被害、道路網の寸断など、能登半島を中心に、石川県内はもちろん、富山県、新潟県南部、福井県北部にまで影響が及んだ。

　「令和6年能登半島地震」と命名された、能登半島沖を震源とする地震によって、のと鉄道も甚大な被害を受けた。震災当日の様子や、その後の復旧状況はどのようなものだったのだろうか。

「地震発生時は能登町の自宅におりました。揺れの前に（緊急地震速報の）アラートが鳴りましてね、それまでも（地震が）頻発していたもんですから慣れてしまっていたんですが、いつもと違って揺れがドーン!!と来たもんで、家を飛び出して会社に電話しました。その間にガタガタガタ!!っとさらに強い揺れがきて、これは危ないと（電話を）切った後、もう一度かけ直した時には繋がりませんでした」

　冬場の早い日の入りによって、停電した自宅周辺は真っ暗に。会社に向かうことはできず、近隣住民と身を寄せ合って避難していたが、その間にも緊急地震速報のアラートが鳴り続け、大きな揺れが襲ってくる。22時を過ぎ、のと鉄道の本社とようやく連絡が取れ、翌日通行止めだらけの道路を車で進み、普段なら25分ほどで到着する道のりを約8時間もかけ辿り着いた。穴水駅のホームに入ると、震災当時たまたまホームに停車中で出発できなかった1両の気動車がエンジンをかけて照明を灯し、10名ほどの社員が業務にあたっていたという。

「線路は激しく寸断され、駅舎もガチャガチャになっていて。それを見て、正直、これは厳しいなと思いました。だけど、社員には言わないように

1月2日に現場復帰後、陣頭に立ち早期復旧を目指してきた

して。むしろ、大丈夫やろと言い聞かせていましたね」

　被害の大きかった輪島市や珠洲市に多くの社員が在住しており、電話が繋がりにくい状況で全員と連絡がついたのは震災の1週間後だった。水道や電気などのライフラインも機能せず、暗闇の中で、大きく損壊し危険な本社事務所内での手探りの復旧作業が続いた。

　地震発生時、のと鉄道の列車は運良く走行中ではなかったため、脱線などの被害はなかった。激しい揺れの場合、線路が横ズレを起こし、車両の脱線はもとより、最悪転覆の恐れもある。沿線は路盤崩壊、トンネル入口の土砂崩れ、倒木など至る所で被害が発生していたが、乗客乗員に死傷者は出なかった。

「列車はワンマン運行なので、駅間で止まってしまうと乗客を運転士一人で誘導する必要があります。当然ながら弊社でも訓練していましたが、連絡が取れない状況においては方法を考え直す必要があると痛感しました」

　激しい揺れの他、地震発生直後から沿岸に大津波警報が発表された。海に近い能登中島駅の観光列車内で待機していた約40名の観光客を、社員が近隣の高台へ避難誘導するなど、能登の土地の特性を知る地元社員だからこそできた迅速な対応だった。

　能登半島は2007年3月にもマグニチュード6.9の大地震による被害を受けていたが、今回の震災ではより激しく広範囲が影響を受けた。家々の瓦が落ち、駐車中の車が勝手に動き出し、バタバタと建物が倒れる。そうした光景を口を開けて眺めるしかできなかったと言う。

「そんな状況の中で、ここまで早く運転再開ができるとは思っていませんでした。トンネルが塞がっていたり、線路がジェットコースターのように歪んでいたりして、復旧に年単位はかかるだろうと。それでも国とJRのサポートを受けて3ヶ月ほどで復旧に至りました」

　資本の小ささ故、自然災害による被害で廃線を余儀なくされた第三セクター鉄道も多い。だが、のと鉄道は線路や駅舎は今もJR西日本が所有しており、大阪の本社からも応援が駆けつけるなど、非常に早いペースで復旧作業が行われた。だが列車が走れない間、学生の通学は誰が担うのか。思索していたとき、沿線でバスを運行する北陸鉄道から「我々がバスを走らせるから安心して」と申し出があった。のと鉄道の乗務員たちは列車代行バスに乗り込み、学生たちの安全な通学を支えることになった。

「これはいけるぞ！と希望に変わっていきました。学生たちが始業式を迎える4月には全線走らせることが使命だと」

　同年4月6日、のと鉄道は異例の早さで全線復旧を果たした。完全な復旧までは道半ばだが、沿線の交通事業者が総力をあげて住民の足を守り抜いたことに敬意を表したい。

取材時、急ピッチで修復が進んでいた西岸駅

能登の街の人の日常が戻るまで
観光列車の運転再開に備え続ける。

検修庫内で点検中の、観光列車・のと里山里海号で使われているNT300系気動車

のと鉄道

検修庫は幸い大きな被害を受けず、現在は通常通り車両検査が行われている

　能登半島地震で被災した社員には2〜3週間の待機命令が下った。その間、「のと鉄道は廃線になってしまうのではないか」と不安を感じる乗務員もいたそうだが、運行が決定した代行バスの添乗業務によって復帰が叶った。その後、2月15日に七尾駅〜能登中島駅間の徐行運転による再開、そして4月の全線復旧と、マスコミなどを通じ全国の注目も集める目まぐるしい状況ではあるが、通学利用の学生たちも戻ってきているという。
　地震後、運行中に見える景色は、倒壊した建物や土砂崩れが多くなり、短い期間で元の状態に戻る状況ではない。そうした中でも、新緑や海の美しさを感じられほっとする瞬間もある。
　残念ながら2024年10月現在、観光列車「のと里山里海号」は運行再開には至っていない。未だ沿線住民の生活が再建できておらず、観光客を受け入れる余裕がないからだ。まずは地域の日常を取り戻し、笑顔で旅人を迎え入れたいという、実直な能登の人々の心情が心に沁みてくる。

帰宅中に被災し、業務再開まで不安な日々を過ごした

木々に囲まれた里山の線路をゆっくりと走る

のと鉄道

七尾駅
Nanao

七尾駅にあるのと鉄道のホーム。「のとホーム」の看板が目印

　のと鉄道に乗って穴水へと向かうには、JR西日本と共同使用している七尾駅が起点となる。「のとホーム」と大きく書かれた看板が、のと鉄道の乗り場の目印だ。七尾市は中能登地域に位置し、能登半島でもっとも人口が多い中心都市だ。能登半島の東側にある口を開けた横顔のような七尾湾の中程には、のとじま水族館で知られる能登島が鎮座している。

　七尾駅の次は、和倉温泉駅に停車する。この駅もJR西日本との共同使用駅で、金沢発の特急「能登かがり火」や観光列車「花嫁のれん」（現在運休中）が乗り入れ、温泉客を迎える観光案内所も隣接する。駅舎には輪島塗をイメージした朱色の柱や金箔使いなどが施され、豪華なデザインとなっている。和倉温泉は開湯1200年とされ、加賀百万石の時代には多くの湯治客が来たという歴史と伝統を、この駅に立つだけでも感じられるようだ。

和倉温泉駅
Wakuraonsen

ご当地キャラ「わくたまくん」が出迎える和倉温泉駅の改札

震災で被害を受けたが復旧した、和倉温泉の玄関口

「建具の街」として知られる田鶴浜地域の玄関口

待合室には地元住民や高校生の作品が所狭しと展示

　七尾駅と和倉温泉駅を除く、のと鉄道の8駅には、それぞれに副駅名として愛称が付けられている。和倉温泉の次の田鶴浜駅は「たてぐのまち駅」と呼ばれ、300年以上続く「田鶴浜建具」の伝統技術で知られることから、駅にも建具や組子であしらった看板などが飾られている。

　また、駅の待合室には、木工や服飾、イラスト画などが飾られる。地域住民「ふるさとの駅を守る会」のメンバーが年間を通して様々な作品を展示し、さながら街のギャラリーのようだ。また、七夕には建具の制作中に生じた鉋屑を用いて短冊を作り、七夕飾りのイベントも行っている。

　また、笠師保駅は「恋火駅」というなんともロマンチックな愛称が付けられているが、これは能登キリコ祭りの一つである「塩津かがり火恋祭り」から来ている。年に一度、7月中旬に駅近くの塩津地区の海上に約2,000個の灯明が灯され、船の上に乗った男の神様と女の神様の神輿がその火を周りながら逢瀬を交わすという神事だ。太鼓や鐘を鳴らしながら、うやうやしく神輿が船に乗り入れ、揺れる炎に導かれてゆっくりと海の上を滑っていく様子は幻想的である。

　駅舎は金沢美術工芸大学の学生が協力し、ハートマークの意匠や恋火をイメージさせるオレンジ色に包まれている。ところどころに「笠師保／恋火」と書かれたオーナメントがあり、ふいに見つけるのも楽しい。

　のと鉄道の駅は小さく鄙びているが、それぞれの地域の個性を色濃く反映し、地元の人々の手がよく入った公民館のような印象を受ける。地元住民へ業務が委託された駅もあり、あたたかさを感じる。ホームから駅舎へ隅から隅を眺めていると、誰かに手招きをされたように思えて、そのまま街を散策したい気持ちにかられる。

あたたかなかがり火を思わせるオレンジ色を基調とした駅舎

単線ホームそばに植えられた桜の木にローカル線の風情を感じる

のと鉄道

能登中島駅
Notonakajima

能登中島駅では上下列車が行き違う

　笠師保駅を過ぎると、「演劇ロマン駅」の愛称で親しまれる能登中島駅に着く。演劇という、他の地域には見られない冠がついているのは、俳優の仲代達矢氏が主宰する劇団「無名塾」が、この地で合宿をしたことがきっかけとなっている。1983年に仲代氏が能登を訪れた際、この地の自然に触れ、その後毎年のように能登で合宿や公演を行うこととなった。ついに1995年に「能登演劇堂」がオープン。舞台の大扉を開けると外の風景につながる仕掛けになっており、まさしく自然と一体となった作品を鑑賞することができる。

　演劇堂オープン当時の中島町は、2004年に七尾市と合併したが、演劇堂を拠点とした演劇によるまちづくりは現在も続いている。市民がエキストラとして舞台に出演したり、劇場のボランティアスタッフなどとして関わる。駅の待合室にも、演劇作品のポスターや仲代氏直筆のメッセージなどが掲げられ、芝居小屋のような様相だ。

昔懐かしい鉄道の香りが漂う構内

駅舎には店舗も併設され地域の拠点になっている

鉄道郵便車運行当時の車内が再現されている

車内で大切に保管される能登線・甲駅の駅名標

鉄道郵便局に勤務していた人々から寄贈された写真

大切にメンテナンスされ駅の「顔」となったオユ10

能登中島駅の鉄道郵便車

鉄道郵便車保存会 会長（元大阪鉄道郵便局乗務員）
インタビュー

会長：この車両は「オユ10形鉄道郵便車」で、走行中に郵便物を仕分け駅で降ろす、いわば郵便局の機能が丸のまま車内にあります。乗務していたのは旧郵政省の鉄道郵便局所属の局員で、自分の担当する郵便物を仕分けていました。郵便物は昔は「郵袋《ゆうたい》」という布袋に入って車内に積み込まれ、ここで中身を出して仕分けていました。書留、速達、普通郵便、小包（今のゆうパック）、それぞれ専用の区分棚があり、処理後は郵袋に納めて駅で降ろしました。

当時私は大阪鉄道郵便局に出勤し、制服に着替え責任者の便長以下、大体7人チームで乗り込んでいました。広島県三原市の糸崎駅まで往復したり、福井県の敦賀駅まで往復したりもしました。この区分棚は当時どこの集配郵便局にもあり、誰が作業してもいいようにどの局でも必ず地域別の案内が貼ってあったんです。けれど郵便車は進行方向の関係などで、その都度区分が変わるので貼れないんですね。なのでマニュアルを丸暗記して区分棚へ入れていくんです。担当者の自己流で変えることもありました。郵便物の多い東京や大阪は下の方だと入れにくいので高いところへ、他にも右利きの人と左利きの人、身長が160cmの人と180cmの人でも違うんですよ。

――オユ10は動力を持たない客車なので、当時は普通列車や急行列車に連結していたんでしょうか？

会長：昭和40年代以降は、国鉄は大都市間で「荷物列車」という小荷物車と郵便車だけを連結した専用列車を走らせていて、それに連結することが多くなっていました。それ以外の地方では、旅客列車に繋ぐこともありました。普通列車連結の郵便車は町々の駅でこまめに止まりながら集配していく役割が、急行列車は夜に集めた郵便物を載せて深夜に走行し、行き先地で朝郵便物を降ろし、その日の配達に間に合わせるのが役割でしたね。

――鉄道郵便はいつ廃止になったんでしょうか？

会長：国鉄解体の前年、昭和61年に廃止されました。昭和59年1月末をもって、まず車内の区分作業が廃止され、郵袋を積み下ろすだけになり、大量の郵便車が廃車になりました。以降は乗務員が郵袋を積み降ろしするだけの『護送便』と、乗務員を乗せず郵袋を積んで外から鍵をかける『締切便』になり、輸送量が激減、トラックと飛行機に移行していきました。そして昭和61年10月をもって、鉄道小荷物共々、鉄道郵便も廃止され、民営化後のJR貨物には郵便・荷物便は引き継がれませんでした。

この車両は郵政省所有だったので、改造されクーラーが付けられているんです。ただ七尾線でも走っていたローカル線用のディーゼルカーでは、車両の半分が郵便室であと半分は荷物室や、郵便・荷物を乗客と一緒に載せる車両などがあり、国鉄の所有車でした。その場合、郵便車部分にだけ冷房をつけることもできないので、夏は車内温度が40度～50度に達し、蒸し風呂のようで大変でした。

――私の知っている鉄郵勤務経験がある方も、夏はシャツ1枚で乗務していたとおっしゃっていました。

会長：この車両は長らく東京から根室の間を往復していたので、青函連絡船で航送していました。車両の下には連絡船に固定するための鎖を引っかけるフックもあります。連絡船の底に線路があって、そこに貨車と郵便荷物車を入れ、船の中の連結器に鎖を掛けウインチで締めていくんですよ。しけで船が揺れても車両が転覆しないようにね。

――この鉄道郵便車は元々甲駅（廃線になったのと鉄道能登線の駅）に置いてあったんですか？

会長：車内にも駅名標がありますが、鉄道郵便廃止後にのと鉄道が入手し、穴水町の甲駅に保管されていたんです。その後活用できず、車体が荒れてしまっていました。それを先代の会長から保存会でもらい受け、線路に置かせてもらい、ボランティアで修復作業などを行っていました。甲駅が平成17年3月で廃止されることになり、そのまま残していても見学者が来なくなるので、廃止半年前の平成16年11月に能登中島駅へ移動してもらいました。

――保存会を立ち上げたのは地元の方ではなかったんですか？

会長：京都から現れた大学生が「この郵便車を僕にください」と言ったことから始まりました。私も最初は見学客として来て、仲間に入りませんかと声をかけられました。能登半島にゆかりがあるわけではなく、郵便車を見るために能登半島までやってきました。私は鉄道郵便車の元乗務員なので、自分が乗務していた当時を思い出し、青森から大阪への上り2号便、急行「きたぐに」に連結されていた郵便車を再現しています。

ここには一時10人ぐらいが集まり、外のサビを削って塗装したりしてくれていました。2007年の能登半島地震後に「能登半島地震復興基金」という事業があり、事前にのと鉄道がこの郵便車の活用に応募したら選定されて基金の支援をいただき、プロの車両補修業者にお願いして3ヶ月かけて車体を塗り直しました。今は地震で中止していますが、見学のお客さんが観光列車や旅行会社の団体ツアーで訪れ、一日に数百人来られる時もありました。屋外に屋根なしで保管しているので、冬に雪をかぶり、どうしても雨漏りが発生します。車内が傷んだりするので、会員から集めこお金と、いただいた募金を使って修繕工事を随時行っています。私の生きがいなので。

――震災前に一般開放されていた時は、大体何人ぐらいで活動されていたんですか？

会長：会長の私と地元の副会長が中心となり、5人の正会員が、見学依頼する団体、個人への案内、車体補修作業を行ってきました。震災前は、土日は観光列車が一日5本来て、アテンダントさんが鍵を開けお客さんを案内していました。鉄道旅行センターも団体ツアー客を多く案内してくれました。震災前は一年間に数万人の見学客がありました。

――震災当日はどのような状況だったんでしょうか？

会長：連絡通路の踏み板が地震の衝撃でぐにゃぐにゃになりました。車両の見た目はそんなに変わっていませんが、細かいところが傷んだり、車内の展示品が床に落ちたりしました。2007年の震災時には車内の赤いポストがボテンと倒れたので、今はボルトで床に固定しています。クーラーの上に金属の蓋があるんですが、これは阪神大震災でクーラーが車内側に落下したので、止め金具として取り付けてもらいました。過去の地震の教訓で事前に対策を打っていたので、被害も最小限にできました。ただ見学する方の安全を最優先にしてきたので、余計に外側の劣化修繕に手が回らないんです。今後も資金を確保しながら、できるだけの車体維持をします。

――これからもこの車両を維持し続ける中で、震災後に果たせる役割はなんだと思われますか？

会長：観光列車と団体ツアーが復活したら、郵便車を再び見学コースに入れてもらえることを願っています。外からの観光の目的にしてもらえるような。今は見学に来られる方はほぼ全員がスマホを持っていますので、車内の写真を珍しがって撮られます。自分のブログやSNSにアップしてくださる時代なので、鉄道趣味でない方でも「郵便車っていうのが昔あって見学できたよ」と思い出に残してもらえます。昔から、いつかこの郵便車を能登半島の観光の一助にしたい、と言い続けてきましたが、それがもう実現できていますね。

――貴重なお話、ありがとうございました。

（インタビュー日：2024年5月28日）

のと鉄道

西岸駅
Nishigishi

西岸駅を出発する列車

　西岸駅の愛称は「小牧風駅」と呼ばれ、駅の対岸側にある小牧台という高台にちなむ。七尾北湾を一望できるスポットになっており、名産の牡蠣の養殖を行うカキ棚が整列して波に揺られる様子や、帆を張って波を滑るヨットが集まるヨットハーバーなどが見渡せる。

　また西岸駅は、「湯乃鷺駅」という駅名でも、多くの人々に知られている。この駅名は2011年放送のアニメ『花咲くいろは』に登場し、西岸駅がモデルとなって描かれた（P.112を参照）。ホームには「ゆのさぎ」と書かれた看板が立っているため、アニメのことを知らない人には驚かれることもあるが、駅舎の待合室にはファンや権利元が寄贈した作品のポスターや関連本が並ぶため、作品の世界に徐々に惹かれていく。駅舎内の聖地巡礼＊ノート（＊注：アニメの舞台モデルになった場所を訪れること）には、能登半島地震後にも足繁く通って地域を応援しようとするファンの姿がしっかりと記録されている。

劇中に登場した駅名標がファンを喜ばせている

待合室は『花咲くいろは』の関連資料でいっぱいだ

能登鹿島駅
Notokashima

　朝5時に金沢駅を出発し、七尾駅を経て能登鹿島駅に到着した頃には、すでにカメラを携えて桜の風景を撮影する人がいた。4月初旬、葉桜が見えてきてはいるが、桜のトンネルや絨毯を様々な角度から眺めているとあっという間に時間が過ぎ去ってしまう。

　10時頃になると観光列車「のと里山里海号」が到着し、大勢の観光客が桜を楽しんでいく。車内からホームにいる人に手を振りながら走り去る、春の穏やかな風景が見られる。地元の人にとっても癒しの散策コースなのだ。

　能登鹿島駅の愛称「能登さくら駅」の名の通り、約100本の桜が駅を取り囲み、毎年美しい風景を楽しむため、多くの人が訪れる。桜は地元有志の手で維持されており、桜の他にもホームの花壇や駅舎の周りにある紫陽花など、季節ごとに彩りを添えてくれる。

　ホームに立つと七尾湾の穏やかな海が見え、日の光にきらめく波に、ついカメラを向けたくなる。駅舎ごと桜色に染まるのはほんの数日だけだ。
（能登半島地震の前の撮影を振り返って、井上浩介）

富山県のアニメーション制作会社・ピーエーワークスの作品に登場する鉄道

石川県が舞台モデル

©2012 花いろ旅館組合

2011年にピーエーワークス10周年記念作品として世に送り出された作品。全26話がテレビ放送されて評判を呼び、2013年には『劇場版 花咲くいろは HOME SWEET HOME』が劇場上映された。北陸の架空の温泉地・湯乃鷺の舞台モデルとなったのは、金沢市にある湯涌温泉。金沢駅から、北陸鉄道が運行する路線バスで行くことができるが、鉄道は通じていない。劇中に登場する「湯乃鷺駅」は、祖母の温泉旅館で仲居として働くことになった主人公の女子高生が、不安を抱えながら降り立ち、最終話では祖母にある誓いを立てて去る重要な場所である。そこで同じ石川県内を走る、のと鉄道・西岸駅(七尾市)がモデルとなった。湯涌温泉と西岸駅は直線距離で70km以上離れた場所にあるが、劇中では見事に融合させて描かれている。

劇中には、のと鉄道の主力気動車・NT200形もしばしば登場する。テレビ放送後には全国から多くのファンがのと鉄道に乗車するため能登半島を訪れ、東日本大震災直後の自粛ムードにも関わらず、利用客の増加につながったという。テレビ放送翌年からは『花咲くいろは』のラッピング車も運行を開始、出演声優による車内アナウンスやヘッドマーク掲出などが好評を博し、最大3両がラッピングされた(2024年8月現在、1両が運行継続中)。のと鉄道と湯涌温泉観光協会がタイアップした観光キャンペーンが展開されるなど、地域を超えた連携につながった好例と言える。

Blu-ray 好評販売中、各配信サイトにて全26話見放題配信中

いいかげんな母親の思いつきで、東京から遠く石川に引っ越すことになった松前緒花。行先は祖母が経営する老舗の温泉旅館「喜翠荘」。様々なカルチャーギャップに戸惑いながらも、旅館で働く同世代の女の子や先輩たちと共に、新しい生活に馴染むべく悪戦苦闘を繰り返す緒花たちの日々を描く、温泉青春ストーリー。

原作：P.A.WORKS
監督：安藤真裕
シリーズ構成：岡田麿里
キャラクター原案：岸田メル
キャラクターデザイン・総作画監督：関口可奈味
メインアニメーター：石井百合子

美術監督：東地和生
色彩設計：井上佳津枝
撮影監督：並木智
3D監督：山崎嘉雅
編集：高橋歩
音響監督：明田川仁
音楽：浜口史郎
音楽制作：ランティス

続編小説「花咲くいろは〜いつか咲く場所〜」

湯乃鷺温泉街の老舗旅館「喜翠荘」が、女将・四十万スイの決断によって、ひっそりと店じまいして7年。スイの孫娘・松前緒花は、「四十万スイになりたい」――いつか喜翠荘を復活させたいとの志を胸に、東京での生活に戻っていた……。懐かしい人々との再会、新たな人々とのめぐり逢い、そして、初めて知る亡父の思い。ちょっぴりオトナになった緒花の"喜翠荘復活"に向けた戦いが、いま、はじまる。

原作：P.A.WORKS
著：藤本透
表紙・挿絵：古日向いろは

発行：parubooks
ISBN
上巻　978-4-909824-05-9
下巻　978-4-909824-06-6

アニメ『花咲くいろは』から生まれた

湯涌ぼんぼり祭り

小さな神様

アニメ『花咲くいろは』に登場する架空のお祭り「ぼんぼり祭り」を、舞台モデルとなった湯涌温泉街で、地元に根付いたお祭りとして開催している。テレビ放送された2011年に初めて行われ、途中台風による順延やコロナ禍による中止を挟みながらも、2024年で12回を数える。2008年に発生し、温泉街に甚大な被害をもたらした「浅野川水害」からの復興3周年を記念してスタートし、その後も製作委員会や行政、地域住民の協力を得ながら継続されている。

毎年10月(神無月)に、湯涌稲荷神社の「小さな神様」が出雲まで迷わず帰ることができるよう、人々が「ぼんぼり」で行く道を照らし、そのお礼に「ぼんぼり」に下げられた「のぞみ札」に書かれている、人々の「のぞみ」を出雲の八百万の神々の元に届ける様を表している。湯涌稲荷神社や宮司協力のもと、神迎え行列が温泉街を進んでいき、祭りに参加した人たちの願いが記された「のぞみ札」が集められていく。神社での神事に続いて、神送りの儀に移り、行列は温泉街の最奥にある玉泉湖を目指す。到着した湖畔のステージ前で行われる「お焚き上げ」では、祝詞の奏上と共に、集められた「のぞみ札」に火が灯される。深まりゆく秋の夜、温泉街のひんやりした空気の中で火の粉が舞う光景は、祭りのフィナーレを飾る幻想的なひとときである。

『花咲くいろは』がきっかけで湯涌温泉のことを知り、最初はアニメ作品のロケ地巡りとして同地を訪れていた多くのファンが、何度も訪れるうちに温泉街のファンとなり、地域住民と協力して祭りを支えるボランティアとして活動するファンもいる。放送から13年を経てもなお、この地で祭りが続いていること自体が、『花咲くいろは』制作陣の情熱、地域住民の愛着、ファン同士の絆の強さを物語っているのではないだろうか。

湯涌ぼんぼり祭り 2011-2021
～アニメ「花咲くいろは」と歩んだ10年～

2011年にアニメ作品発の祭りとして、金沢市湯涌温泉街でスタートした『湯涌ぼんぼり祭り』。前代未聞、唯一無二の地域コンテンツとなった祭りを、研究者・観光事業者・アニメファンの視点から多面的に分析し、10年分の写真や描きおろしイラストなどの貴重な記録をアーカイブした一冊。これまで報道や研究論文等では触れられてこなかった、祭り関係者の取組やその裏にある思いについてもできる限り詳細に記録。アニメ「花咲くいろは」の美術監督・東地和生氏へのスペシャルインタビューなど、アニメーション作品と地域のコラボレーションを経年的にまとめた、他に類を見ない一冊であり、地域、アニメファン、そして観光振興や地域振興に携わる全国の皆様がこの祭りの意義を共有し、この先も末永く継続されていく一助となることを目指す。

編著：湯涌ぼんぼり祭り実行委員会、間野山研究学会
協力、資料提供：2012 花いろ旅館組合、株式会社ピーエーワークス
発行：parubooks
ISBN：978-4-909824-45-2
©2012 花いろ旅館組合

※現在品切中

連作短編小説

ローカル線と、季節を越える

著 上田聡子

能登篇 —— 2024年　夏

　雨が上がった車窓の向こうには、夏の緑に囲まれた瓦屋根の民家が見える。ＩＲいしかわ鉄道線から分岐したJR七尾線で、ひとまず七尾駅まで。能登が近づくにつれて、黒い瓦屋根に青いビニールシートがかけられている家が増えてくる。地震の爪痕を目の当たりにして、心が痛んだ。

　発災から半年以上経ったお盆前の８月上旬。七尾市に住む祖父母に会いに行くと決めた。金沢の企業で就職が内定し、その報告をしたかったことが一つ。また、能登の現状を、いまちゃんと見ておきたかったことがもう一つの理由だ。

　七尾駅の改札を出ると、祖父母がそこで待ってくれていた。

「咲苗がちゃんと来られて、ほっとしたわいや」

「疲れんかったっけ？　能登はまだ復旧にもだいぶかかるがに、咲苗ちゃんが来ると聞いたもんで、おらちゃ２人とも驚いたがいね」

　私を気遣う二人の言葉に、胸がつまる。自分たちのほうがずっと大変なのに。

「おじいちゃん。おばあちゃん。——私ね、金沢で就職決まったんやよ。来年の春から、またこちらに住むさけ、しょっちゅう遊びに来るね」

　悩んできた将来の選択だったけれど、いまこの言葉を言えたことで、「選んだことを正解にするんだ」と、心から思えた。２人の眼差しが優しい。

「うちに泊まってもらえたらよかったんやけど、地震のせいでまだ２階の座敷がわやくそながや。金沢に日帰りさせることになって気の毒な」

　私は「いえいえ」と手を振った。

「観光はいま難しいから、今日はおじいちゃんとおばあちゃんと、のと鉄道に乗りたいと思って。電車に揺られながら、ゆっくり話をしたいんや」

　私の言葉に、おじいちゃんもおばあちゃんも、微笑んだ。

「いいアイディアやがいや。今日は咲苗と３人で、『ぶらり電車旅』やな」

　のと鉄道が全線復旧したのは今年の４月６日からだった。震災を経ての運行再開は、たくさんの人に希望を与えたとニュースで言っていた。

　改札口を通ると、レールの上に停まっているのと鉄道の車両に向けて、私はカメラを構えた。

「あら、咲苗ちゃん、いいカメラやねえ。自分で買ったが？」

「うん、来年から仕事でも写真を撮ったりするし、今回の旅も、取材旅行の練習っていう感じやな」

　私の内定先は、金沢にあるタウン誌——フリーペーパーをつくる会社だ。

　去年から今年にかけて、秋の富山、冬の石川、春の福井を見た。そして自分がこの先、何をしたいのかを考えつくした。エントリーシートも考え直し、自己分析も繰り返した。家族や友達、大学の先輩、企業の人事課の人、SNSで知った人、たくさんの人たちと話をして、たくさん話を聞いた。これまでの人生で一番、頭も体も動かしたと思う。そして、「地元北陸の、いいところを見つけて、紹介する仕事をする」と決めた。

　この性格に向いている仕事、ではないかもしれない。けれど、それよりも、大好きな北陸のことを知らせたいと思った。慶悟のいる東京にも、北陸新幹線の先にある大阪にも、福島のある東北にも、九州にも、日本を超えた先にも。最終面接では、そんな思いを懸命に伝えた。——内定通知が来たときは、泣けてしまった。

　去年までは、カメラ撮影にも苦手意識があった。でも、いまは違う。自分の心の内だけにとどめず、誰かに伝えたいものがある。そんな北陸の風景があるし、お店や、そこに住む人がいる。そのためのカメラであり、言葉なのだ。

　雨に濡れるのと鉄道は、白地の胴体に、下部に青線が入っているデザインだ。オレンジのロゴが入り、ヘッ

ドマークはひまわりの絵を背景に「がんばろう能登」のメッセージ入りだ。
「ヘッドマークは春までひまわりじゃなくて桜が背景やったんや。そのあと夏のデザインでひまわりに替わったってニュースで言っとった」
　込められたメッセージからぬくもりが伝わる。祖父から教えてもらったことを、かばんから出したメモに書きこむ。
　七尾駅を出て、和倉温泉駅、田鶴浜駅、笠志保駅、能登中島駅、西岸駅、能登鹿島駅、穴水駅。沿線にある駅は、八駅しかない。両側の緑をかきわけ、ガタンゴトンと進む列車のシートにもたれ、向かい席の祖父母の顔を見つめて話す。線路沿いにはヒマワリとコスモスが咲きみだれていた。
　この列車が走ることそのものが、希望なのだと思った。
　やがて、車窓には穏やかな内浦の海――七尾湾が見え隠れし始めた。見ているうちに、胸がいっぱいになった。
　どうしても、伝えたい――癒しがたい痛みも、未来に繋ぐ祈りも。
　終着の穴水駅は、構内通路や待合室の床や壁がひび割れ、ホームにも大きなかたつきがある。あちらこちらの壁も、崩れていた。改めて、被害の大きさを思い知った。それでも、列車はいまこうして走っているのだ。祖父が呟く。
「能登の復旧復興にはたくさんの人が力を貸してくれとるんや。その人たちへの感謝を伝える看板も道中たくさんあったやろ？　ありがたいばかりやな」
　幼いころ、イラスト入りで手紙を書いて、親しい人に渡すのが好きだった。のんびりゆっくりな私の、大切なコミュニケーション手段。私の言葉と写真が、いつか思いを繋ぐことができたなら。誰かと誰かのあいだに架ける、橋になれたなら。
　能登の空は、切れた雲間から夏の陽があかるく差していた。雨の気配はもう消えて、私の心ごと晴らすようだった。

参考ページ一覧（2024年9月末日現在）

《鉄道全般》
機械検修工事技術者資格認定制度について（一般社団法人 日本鉄道車両機械技術協会）
http://www.rma.or.jp/certified/tech.html

《富山県関係》
鉄道年表（高岡市立博物館）
https://www.e-tmm.info/tn.pdf

ひみ里山杉（一般社団法人ひみ里山杉活用協議会）
https://himisatoyamasugi.studio.site/company

魚津市イメージキャラクター「ミラたん」のページへようこそ！（魚津市）
https://www.city.uozu.toyama.jp/guide/svGuideDtl.aspx?servno=4192

蜃気楼とは（魚津市）
https://www.city.uozu.toyama.jp/nekkolnd/shinkiro/index.html

魚津埋没林（魚津市）
https://www.city.uozu.toyama.jp/nekkolnd/maiboturin/index.html

魚津市民バス（魚津市）
https://www.city.uozu.toyama.jp/guide/svGuideDtl.aspx?servno=3615

魚津のバイ飯（魚津市観光協会）
https://uozu-kanko.jp/library/bai-meshi/

魚津ハトシ（魚津漁業協同組合）
http://www.jf-uozu.or.jp/katsudou/hatoshi.html

春の四重奏（一般社団法人朝日町観光協会）
https://www.asahi-tabi.com/sijuusou/

ヒスイ海岸（一般社団法人朝日町観光協会）
https://www.asahi-tabi.com/hisuikaigan/

射水市『市勢要覧』（射水市）
https://www.city.imizu.toyama.jp/appupload/EDIT/126/126559.pdf

新湊大橋について（きららか射水　観光NAVI）
https://www.imizu-kanko.jp/special/shinminato_bridge/about.html

万葉線の歴史（万葉線株式会社）
https://www.manyosen.co.jp/about/history/

帆船海王丸の概要（公益財団法人 伏木富山港・海王丸財団）
http://www.kaiwomaru.jp/kaiwomaru/

藤子・F・不二雄先生のふるさと高岡へようこそ（高岡市）
https://www.city.takaoka.toyama.jp/gyosei/gyoseijoho/koho_kocho/3/6/9093.html

高岡大仏（日本三大佛　高岡大佛）
https://www.takaokadaibutsu.xyz/

ほたるいかとは（株式会社ウェーブ滑川）
https://hotaruikamuseum.com/museum/hotaruika

生地の清水（黒部観光ガイド「生地まち歩き」）
https://ikuji-machiaruki-guide.webes.jp/syouzu-meguri.html

黒部市内路線バス（黒部市公共交通戦略推進協議会）
https://www.kurobe-koukyoukoutsuu.com/map/chitetsu-bus/

入善町の海洋深層水（入善町）
https://www.town.nyuzen.toyama.jp/gyosei/soshiki/kirakira/2/4/1644.html

とやま近代歴史遺産100選（富山県教育委員会）
https://www.pref.toyama.jp/documents/14266/kindai.pdf

千巌渓（上市町観光協会）
http://kami1tabi.net/spot/000191.html

千巌渓（富山県観光公式サイト　とやま観光ナビ）
https://www.info-toyama.com/attractions/102799

富山地方鉄道・岩峅寺駅（富山フィルムコミッション）
https://www.toyama-fc.jp/loca-navi/10-010/

真川橋梁（富山フィルムコミッション）
https://www.toyama-fc.jp/loca-navi/12-025/

歩くアルペンルートを歩こう！〜立山の魅力〜その1　立山駅から美女平（環境省　中部地方環境事務所）
https://chubu.env.go.jp/blog/2022/01/post-1226.html

《石川県関係》
石川県並行在来線経営計画（金沢以西延伸）（石川県）
https://www.pref.ishikawa.lg.jp/shink/heikouzairaisen/documents/keieikeikaku202211.pdf

石川県の概要（石川県）
https://www.pref.ishikawa.lg.jp/sabou/1gaiyou/index.html

歴史国道「北陸道」（津幡町）
https://www.town.tsubata.lg.jp/kankou/content/detail.php?id=63

倶利伽羅古戦場（津幡町）
https://www.town.tsubata.lg.jp/kankou/content/detail.php?id=40

河北潟干拓地について（河北潟干拓土地改良区）
https://www.kahokugata.com/kahokugatakantakuti.php

津幡町の紹介（津幡町）
https://www.town.tsubata.lg.jp/summary/introduction.html

デトゥット パンデュース 大聖寺店（株式会社 HEP JAPAN）
http://www.painduce.com/shop/daishoji

九谷焼（石川県中小企業団体中央会）
https://www.icnet.or.jp/dentou/national/01.html

曳山子供歌舞伎の歴史（小松市）
https://www.city.komatsu.lg.jp/soshiki/1016/boshuu_hanbaiannai/1/2477.html

Komatu 九（株式会社こまつ賑わいセンター）
https://www.komatsu9.jp/about/

小松「お旅まつり」（一般社団法人こまつ観光物産ネットワーク）
https://www.komatsuguide.jp/feature/hikiyama

白山国立公園について（一般社団法人 白山観光協会）
https://hakusan-guide.or.jp/about_hakusan/hakusan_gaiyou/hakusan_park

加賀友禅とは（加賀友禅会館）
https://www.kagayuzen.or.jp/know/

西金沢駅周辺整備事業（金沢市）
https://www4.city.kanazawa.lg.jp/soshikikarasagasu/toshikeikakuka/gyomuannai/1/1/2/sonota/ekisyuuhenn/8446.html

時がゆったりと流れるまち にし茶屋街（金沢市観光公式サイト　金沢旅物語）
https://www.kanazawa-kankoukyoukai.or.jp/article/detail_76.html

北陸鉄道・石川線の旅 1〜鶴来エリア〜（金沢市観光公式サイト　金沢旅物語）
https://www.kanazawa-kankoukyoukai.or.jp/feature/juourney-around-kanazawa/01.html

路線でたずねる金沢・白山・野々市・内灘（一般社団法人 日本民営鉄道協会）
https://www.mintetsu.or.jp/digital_mintetsukyo/dgmt401651/line01.html

鶴来車両基地（一般社団法人 日本民営鉄道協会）
https://www.mintetsu.or.jp/digital_mintetsukyo/dgmt401651/rc4016519941617-00012_t062a01.html

全国の鉄道博物館・資料館を訪ねて（一般社団法人 日本民営鉄道協会）
https://www.mintetsu.or.jp/association/mintetsu/pdf/65_p22_31.pdf

北陸の一級河川　手取川（国土交通省）
https://www.mlit.go.jp/river/toukei_chousa/kasen/jiten/nihon_kawa/0414_tedori/0414_tedori_04.html

あなたならどっち？「内浦」と「外浦」（すず里山里海移住フロント）
https://sutto-zutto.com/uchiura_sotoura/

つくモールについて（イカの駅つくモール）
https://ikanoeki.com/about/

九十九湾　透明度抜群の海と大小さまざまな入り江が生み出す美しい景観
（公益社団法人石川県観光連盟）
https://www.hot-ishikawa.jp/spot/detail_5821.html

令和6年能登半島地震の関連情報（気象庁）
https://www.jma.go.jp/jma/menu/20240101_noto_jishin.html

能登島はどんなとこ（能登島観光協会）
https://www.notojima.org/whatplace

《福井県関係》
福井県あわら市観光ガイドブック「HAPPY　for　湯　AWARA」（あ
わら市観光協会）
https://awara.info/wp-content/uploads/2024/03/P00-P11_0829.pdf

フロアマップ（アフレア）
https://aflare.jp/floormap/

金津本陣にぎわい広場と「aキューブ」（あわら市）
https://www.city.awara.lg.jp/annai/7200/kankoshisetsu/p006550.html

さばえの産業紹介（鯖江市）
https://www.city.sabae.fukui.jp/kanko_sangyo/sangyo/
shokogyoshinko/sangyoshokai.html

西山動物園のレッサーパンダファミリー（鯖江市）
https://www.city.sabae.fukui.jp/nishiyama_zoo/panda/redpanda.html

アクセスマップ（サンドーム福井）
https://sundome.sankan.jp/access-map/

福井県は大きく分けると「嶺北」と「嶺南」（公益社団法人 福井県観光連盟）
https://www.fuku-e.jp/fukuinohougen

敦賀市と南越前町に跨る鉄道遺構群　旧北陸線トンネル群（一般社団法人
敦賀観光協会）
https://tsuruga-kanko.jp/spot/history_culture/hokuriku-line-tunnel/

トンネルベストテン（一般社団法人日本トンネル技術協会）
https://www.japan-tunnel.org/Gallery_best10

乗ろう、守ろう、みんなの福武線（鯖江市）
https://www.city.sabae.fukui.jp/kurashi_tetsuduki/kokyokotsu/densha/
fukubusen.html

北府駅鉄道ミュージアム整備事業（越前市）
https://www.city.echizen.lg.jp/office/030/015/kitagoeki.html

大正ロマン薫る駅舎が完成　落成記念イベントを開催（坂井市）
https://www.city.fukui-sakai.lg.jp/koho/shisei/koho/
focus/2010/3gatsu/20100313-4.html

旧岸名家（坂井市）
https://www.city.fukui-sakai.lg.jp/kankou/kanko-bunka/kanko/rekishi/
kishinake.html

えちぜん鉄道 勝山永平寺線 福井駅（株式会社交建設計）
https://www.koken-archi.co.jp/works/station/w001882/

「勝山駅前広場」がまもなく完成！（勝山市）
https://www.city.katsuyama.fukui.jp/uploaded/attachment/3244.pdf

参考書籍一覧

電子書籍　NHK「プロジェクトX」制作班『「列車炎上　救出せよ　北陸ト
ンネル火災」 ―創意は無限なり プロジェクトX～挑戦者たち～』／株式会
社 NHK 出版／2012 年

鉄道ファン No.714 ／株式会社交友社／2020 年 10 月号

北陸の鉄道　私鉄・路面電車編【現役路線・廃止路線】／牧野和人／株
式会社アルファベータブックス／2020 年

日本の鉄道 車窓絶景 100 選／今尾恵介・杉崎行恭・原武史・矢野直美／
株式会社新潮社／2008 年

第三セクター鉄道の世界 経営危機を乗り越えたローカル線の仕組み／監
修 谷川一巳・発行人 蓮見清一／株式会社宝島社／2016 年

ローカル鉄道という希望 新しい地域再生、はじまる／田中輝美／株式会
社河出書房新社／2016 年

北陸本線 1960 ～ 80 年代の思い出アルバム／牧野和人／株式会社アル
ファベータブックス／2018 年

最新版 列車で行こう！ JR 全路線図図鑑／櫻井寛／株式会社世界文化社
／2022 年

報道写真集 開業 北陸新幹線 保存版／北國新聞社／2015 年

富山ライトレールの誕生 日本初本格的 LRT によるコンパクトなまちづく
り／監修 富山市・編集 富山ライトレール記録誌編集委員会／発売 鹿島
出版会／2007 年

生涯一度は行きたい 春夏秋冬の絶景駅 100 選／越信行／株式会社山と渓
谷社／2017 年

南正時 ふくいの鉄道写真／南正時／株式会社福井新聞社／2024 年

のと鉄道／湯浅啓／印刷 株式会社山田写真製版所・製本 株式会社渋谷文
泉閣／2015 年

駅舎のある風景／越信行／株式会社旅行読売出版社／2021 年

それゆけ！女性鉄道員／執筆 Office Ti+（鼠入昌史、佐藤未来、鴨志田直晃、
関口宏）、廣野順子／イカロス出版株式会社／2014 年

根室線の記憶 富良野～新得間 空知川に沿って／番匠克久／北海道新聞社
／2024 年

貨物鉄道読本／発行人 勝峰富雄／株式会社天夢人／2021 年

ローカル線で地域を元気にする方法 いすみ鉄道公募社長の昭和流ビジネ
ス論／鳥塚亮／株式会社晶文社／2013 年

鉄道 ” 周辺世界 ” 趣味入門 NO.2 駅／発行人 山手章弘／イカロス出版株
式会社／2022 年

ローカル鉄道の解剖図巻／岩間昌子／株式会社エクスナレッジ／2016
年

絶景鉄道 地図の旅／今尾恵介／株式会社集英社／2014 年

鉄道趣味の基礎知識 車両編／結解学・渡部史絵／株式会社天夢人／
2023 年

よくわかる鉄道のしくみ／鉄道技術研究会／株式会社ナツメ社／2007
年

6 ページ～ 9 ページ、36 ページ～ 39 ページ、64 ページ～ 67 ページ、114 ページ～ 116 ページに掲載している、連作短編小説「ローカル線と、季節を越える」は、
実在する地域、路線、出来事をモデルにしたフィクションです。実在する人物、団体、事件とは一切関係ありません。

118

あとがき ── ほくりくカルテット

井上　浩介

　2022 年の 8 月上旬、南砺市クリエイタープラザ（桜クリエ）周辺の向日葵撮影をしてほしいという依頼で伺った先で、parubooks 編集部から「自身の写真集とか、作ってみない?」と声をかけられたのが、この本の始まりでした。

　カメラを趣味にしておおよそ 20 年、そろそろ総集編的なものも作りたいなと言う気持ちはあれど、正直自分の写真は SNS の世代に受けない作風。売り物にするには今の時代に合わないと相談していくうちに、鉄道本の写真撮影に参加する形となりました。それに合わせ、過去撮影分から鉄道関連を中心に提供。普段から季節感を意識した風景を撮っているので、写真から四季を感じて頂ければと思います。

上田　聡子

　私は石川県輪島市に生まれ育ちましたが、東京の大学を卒業後、夫の転勤で富山市、福井市に少しずつ住み、いまは金沢市に落ち着いています。福井市にいたときに、ライターの佐藤さんとご縁ができまして、今回のお仕事に引き入れていただきました。北陸三県の風景とその街を走る鉄道の魅力を、少しでも私の筆で伝えられていたらと思っています。読者の方には、私の短編で北陸の移りゆく季節を感じたあと、井上さんの写真と佐藤さんの文章で北陸を電車で旅する気分になっていただけたら嬉しいです。制作統括の佐古田さん、版元パルブックスさんにも大変お世話になりました。目を閉じれば、楽しかった取材日のことをいまも思い出せます。

佐古田宗幸（parubooks 編集部）

　日本のローカル線は美しい自然の中を走るが故、その運行は自然との戦いを宿命づけられ、特に今世紀以降は、自然災害によって多くの路線が廃線となりました。この本の構成検討段階だった 2024 年 1 月 1 日に起きた令和 6 年能登半島地震では、のと鉄道はじめ北陸三県の地域鉄道は大きな被害を受けながらも、現場の人々の懸命の努力で、全ての鉄路に輝きが取り戻されました。

　社会インフラとして、子どもたちの憧れの存在として走るローカル線。そこで働く人たちの真剣なまなざしに、鉄路の明るい前途を感じた取材でした。最後に、能登半島での震災と、9 月 21 日〜 22 日に被災地を襲った豪雨で亡くなられた皆様に、心から哀悼の意を表します。

佐藤実紀代（HOSHIDO）

　気がつけば、北陸に生まれ、住み続けて 40 年以上が経っていました。のんびりと続く田園風景、緩やかな山の稜線、波の華が舞う日本海、重たい曇り空。どれも私にとって居心地がよく、心を落ち着かせてくれる風景ばかりです。北陸の人は、きっと同じ風景を一人一人がそれぞれ心の中に持っていて、その風景の中で毎日を送っているのだと、今回の本づくりを通じて強く感じました。

　鉄道というジャンルは私にとって未知の世界でしたが、取材を続けていくうちに単なる交通の手段ではなくなりました。駅舎の個性を観察して、駅員さんと切符を交わし、運転士さんの背中を見ながら、車窓に肩をあずけてガタンゴトンと揺られる時間が、こんなにも楽しく、濃いものになるとは。北陸の地域鉄道の世界を知らない方に、私たちと同じ心の中の風景が優しく届きますように。

「能登半島復興支援メンバーシップ」への支援のお願い

イラスト：髙田友美
（ピーエーワークス）

　2024年1月1日に発生した能登半島地震では、過疎化・少子化が進行していた能登半島で甚大な被害が発生しました。また道路や水道など生活インフラの破壊、地域産業の生産途絶など、震災から時間が経過してもなお、復興への道筋が見えづらい状況です。2024年9月には豪雨が奥能登地域を襲い、被災者の方々は困難な状況にあります。

　のと鉄道が走る能登半島では、人々が助け合い、豊かな自然の恵みを暮らしや産業へと取り込んできました。また「能登はやさしや土までも」という言葉に象徴されるように、外から訪れた人たちを素朴なもてなしで温かく迎え、多くの人々の心を惹きつけてきた土地でもあります。直接現地へ支援に赴くことが困難な状況だった発災直後でも、SNSなどを通じて支援ニーズが共有され、クラウドファンディングやネット通販などを通じて、能登半島以外に住む多くの人たちから、被災地への支援が寄せられました。それは能登半島に住む人たちや産品の魅力が、接した人たちの心に深く刻まれていたことに他なりません。

　ニュースや新聞、ネットで震災のことを目にする機会は、日に日に減りつつあります。近年の気候変動などの影響もあって、能登半島以外でも様々な災害が頻発する中で、この先も継続的な支援が必要な能登半島地震の被災地への、支援の先細りが懸念されます。parubooksでは、北陸4県（新潟・富山・石川・福井）ゆかりのクリエイターの創作発表の場として、このたび「能登半島復興支援メンバーシップ」を開設することになりました。この本の書き手4名も、メンバーシップの書き手として加わります。復旧・復興に奔走しておられる被災地の人たちを、創作を通じて、外側から支援していくことを目指しています。皆様のご支援をお待ちしています。

 メンバーシップの詳細はこちら

受け継がれたローカル線　〜富山・石川・福井　北陸三県鉄道賛歌〜

2024年10月31日　初版第一刷発行

編　著：ほくりくカルテット
　　　　（井上浩介、上田聡子、parubooks編集部 佐古田宗幸、HOSHIDO 佐藤実紀代）※五十音順
撮　影：井上浩介（inoue1024）
写真提供：あいの風とやま鉄道株式会社、北陸鉄道株式会社、佐藤実紀代、佐古田宗幸
小　説：上田聡子
ライティング：佐藤実紀代（HOSHIDO）、parubooks編集部

取材協力（順不同）：あいの風とやま鉄道株式会社、ＩＲいしかわ鉄道株式会社、株式会社ハピラインふくい、のと鉄道株式会社、株式会社こまつ賑わいセンター、JR西日本不動産開発株式会社、鉄道郵便車保存会

監修協力（順不同）：富山地方鉄道株式会社、北陸鉄道株式会社、えちぜん鉄道株式会社、福井鉄道株式会社

協力（順不同）：富山県ロケーションオフィス、株式会社ポニーキャニオン、株式会社ピーエーワークス、湯涌ぼんぼり祭り実行委員会、藤本透、古日向いろは

発行所：parubooks
　　　　一般社団法人地域発新力研究支援センター（PARUS）
　　　　〒939-1835
　　　　富山県南砺市立野原東1514-18　南砺市クリエイタープラザB-1
　　　　TEL　0763-77-3789
　　　　FAX　0763-62-3107
　　　　mail　info@parubooks.jp
　　　　URL　https://parubooks.jp/
発行人：佐古田宗幸
装　丁：佐藤実紀代、羽生昌昭（HOSHIDO）
印刷・製本：株式会社シナノパブリッシングプレス

© クロムクロ製作委員会　　© glasslip project　　© 2012 花いろ旅館組合

ISBN　978-4-909824-13-4　C0065
Printed in Japan
乱丁・落丁本はお取り替えいたします。